中华优秀传统国学经典阅读

朱子家训

【明朝】朱用纯　王俊 编校

中国商业出版社

图书在版编目（CIP）数据

朱子家训 / 王俊编校 . -- 北京 : 中国商业出版社，2018.7

ISBN 978-7-5208-0583-4

Ⅰ . ①朱… Ⅱ . ①王… Ⅲ . ①古汉语－启蒙读物 Ⅳ . ① H194.1

中国版本图书馆 CIP 数据核字（2018）第 213345 号

责任编辑：常 松

中国商业出版社出版发行

010-63180647 www.c-cbook.com

（100053 北京广安门内报国寺 1 号）

新华书店经销

三河市同力彩印有限公司印刷

*

710 毫米 ×1000 毫米 16 开 13 印张 160 千字

2019 年 1 月第 1 版 2019 年 1 月第 1 次印刷

定价：39.00 元

****

（如有印装质量问题可更换）

前言

泱泱中华五千载，悠悠国学民族魂。中华国学“为天地立心，为生民立命，为往圣继绝学，为万世开太平”，是中华民族几千年来生生不息的根本，是华夏儿女的文化基因和精神支柱。

中华传统文化经过千百年历史冲刷洗礼和不断交流、融合以及沉淀，最终形成了求同存异、兼收并蓄、辉煌灿烂的特点，它也是世界上唯一绵延不绝而从没中断的古老文化，并始终充满了生机与活力。

国学就是中国之学，中华之学，是以母语汉语为基础，表达中华民族的精神价值和处世态度的，有利于凝聚中华民族的文化向心力，有利于中华民族大团结，是华夏儿女的生命火炬，我们要永远世代相传和不断发扬光大。

中华优秀传统文化在思想上有大智，在科学上有大真，在伦理上有大善，在艺术上有大美。在中华民族艰难而辉煌的发展历程中，优秀传统文化薪火相传、历久弥新，始终为国人提供精神支撑和心灵慰藉。所以，更多地从传统优秀国学经典中汲取丰富营养，不只能充实灵魂，而是能够拥有一种神圣而崇高的家国情怀。

中华传统国学是指以儒学为主体的中华传统文化与学术，内容非常广泛，内涵十分丰富，如蒙学十三经、四书五经等，作为国学中经典之经典，铸就了“国学蒙学之最、中华不可或缺之魂”，凝聚了我国五千年的文明史和传统文化，体现了中华民族博大精深的文化精髓，是经过多少代人实践检验过的文化瑰宝，承载着中华民族伟大复兴的梦想。

中华传统国学中具有极高价值的经典与文章不胜枚举，且不说春秋战国时期的经传宝典，也不说《史记》《资治通鉴》，仅就唐诗宋词元曲就有许多脍炙人口的佳作，今天我们作为中华儿女对这些精品岂可淡化或视而不见？

中华传统国学经典，蕴含了中华儿女内圣外王的个体修养和自强不息的群体精神，形成了重义轻利的处世态度以及孝亲敬长的人伦约定，包含着辩证理智的心智思维和天人合一的整体观念。

这些国学经典千百年来作为我国传统文化与教育经典，在内容方面包含有治国、修身、道德、伦理、哲学、艺术、智慧、天文、地理、历史等丰富知识；在艺术方面丰富多彩，各有特色，行文流畅，气势磅礴，辞藻华丽，前后连贯。古往今来，无数有识之士从中汲取知识，不仅培养了良好的道德品质，还提升了儒雅、淳静、睿智的气质。

国学经典是广大读者必备的精神食粮。读者们阅读国学经典，能够秉承国学仁义精神，养成谦和待人、谨慎待己、勤学好问等优良品行，达到内外兼修与培养刚健人格的学习目的。读者们阅读国学经典，就如同师从贤哲，使自己能够站在先辈们的肩膀之上，在高起点上开始人生道路。阅读圣贤之书，与圣贤为伍，是精神获得高尚和超越的最高境界。

如今社会处于转型时期，充斥着各种各样所谓的现代文化，良莠不齐，纷繁芜杂，作为读者，应该慎重地从文化杂烩中精挑细选最好的、最纯的、最精的文化知识进行学习，以便促进身心的健康，那么国学经典就是最佳的选择。

当然，我们必须注意：传承古代经典，不是单纯背诵一些诗词，而是传承古老中华文明；不是只知其文不解其义，而是传承经典文化中的精神；不是对所有传统的东西都加以吸收，而是采取“扬弃”态度，取其精华去其糟粕；也不是排斥其他国家和民族的先进文化，要互相理解和尊重，要有兼容并包的情怀和清醒的头脑，做到互相学习和互相促进；更不是躺在灿烂传统文化的光环下固步自封，要积极开创未来的、先进的和科学的民族文化，要创造新的文化辉煌。

国学经典并非陈旧过时的东西，它能够适应任何时代的需要，且不同的时代都可以进行新的解读，都有时代的新意。广大读者要古为今用，活学活用，在新的时代推陈出新，进行新的解读，赋予新的内涵，不断发扬新的精神。

我们欣喜地看到，在党和政府的积极号召下，教育部印发了《完善中华优秀传统文化教育指导纲要》，各级教育机构启用了《中华优秀传统文化》教材，中小学语文新课标中也增加了青少年学生阅读和学习国学的分量，许多中小学开设了专门的国学课程，全国各族人民掀起了学习和传承中国传统文化的热潮。

为此，在有关专家指导下，我们特别精选编辑了这套“中华传统国学阅读经典”作品，根据广大读者特别是青少年读者学习吸收的特点，采取了版块化的篇章结构。文前部分主要包括作者简介、写作背景、作品概况、思想内容和艺术特点等内容，正文部分主要包括原文、注释、解读、感悟、赏析、故事等内容，文后部分主要包括名言妙语、读后感、知识互动大会等内容。同时还配有精美的插图，图文并茂，生动形象，非常易于阅读、理解和欣赏，能够培养广大读者的国学阅读兴趣，从而增强大家对中华优秀传统文化的热爱、传承和发展，最终积极投身到中华复兴的伟大梦想之中。

根据“部编教材”和广大读者特别是青少年读者学习吸收特点，采取版块化篇章结构，设置丰富专题栏目，解构阅读知识要点，无障碍直通阅读核心，重点感受丰富知识和独特艺术，领会和发扬深刻国学精神！

《朱子家训》全文诵读

导　读

作者简介
简单介绍作者生卒、生平事迹、代表作品和历史影响等。

题解＋背景
简单阐述书名来历、作者社会背景、创作动机、创作过程等。

作品概况
简单介绍作品结构形态、流传过程和历史价值等。

思想内容
简单分析作品思想内涵、社会价值和启迪作用等。

艺术特点
简单解析语言表达、篇章结构、人物形象等丰富艺术特色。

原　文
参考众多权威版本，忠实于原著原文呈现。

注　音
对多音字以及破音、通假、古音、外族语言等异读字词进行注音。

注　释
介绍和评议生僻难懂语汇、内容、背景、引文等。

精美配图
根据内容配图，图文并茂，让知识变得生动形象，让阅读变得丰富有趣。

黎明即起

黎明[1]即[2]起，洒[3]扫庭除[4]，要内外整洁[5]。

注释

1. 黎明：黎是黑色，黑夜与白昼交接的一段时间叫黎明。
2. 即起：立刻起床。即，立刻，马上。
3. 洒（sǎ）扫：洒，用水洒湿地面。扫，扫地，打扫。
4. 庭除：门前面的台阶叫庭除。
5. 整洁：整，整齐，工整。洁，干净，整洁。

解读

天刚亮时就起身，起来后要用水来洒湿庭堂内外的地面，然后再把地彻底打扫干净，这样就使家中里里外外都十分整齐、干净。

故事链接

陈蕃打扫屋子

陈蕃（？—168年），字仲举。汝南平舆，即今河南平舆北人。东汉时期名臣，与窦武、刘淑合称“三君”。他学识渊博，胸怀大志，少年时代发奋读书，以天下为己任。

陈蕃15岁时，有一天，他父亲的一位老朋友薛勤来看他，见他独居的院内杂草丛生、秽物满地，就对他说：“你怎么不打扫一下屋子，以招待宾客呢？”

陈蕃回答：“大丈夫处世，当扫天下，安事一屋乎！”这句话的意思是说，大丈夫处理事情，应当以扫除天下的祸患这件大事为己任，为什么要在意一间房子呢？

这回答让薛勤暗自吃惊，知道此人虽然年少却志向远大，感叹之余，薛勤反问道：“一屋不扫，何以扫天下？”意思是说，你连一间屋子都不打扫，怎么能够治理天下呢？

……

解读

对原文进行译解，使之通俗易读，浅显易懂。

故事链接

对篇章或段落进行故事配套链接，更益于理解原文。

完美大结局

读后感

从中、小学生认识角度，剖析阅读作品后的所思所感、所作所为等，达到有所收获和感悟等。

知识互动大会

通过阅读作品和做“填空题”“选择题”和“问答题”等题型的互动，达到读与学相互促进，增强阅读兴趣，提高阅读学习质量。

《朱子家训》全文诵读

lí míng jí qǐ sǎ sǎo tíng chú yào nèi wài zhěng jié
黎明即起，洒扫庭除，要内外整洁。

jí hūn biàn xī guān suǒ mén hù bì qīn zì jiǎn diǎn
即昏便息，关锁门户，必亲自检点。

yì zhōu yí fàn dāng sī lái zhī bú yì
一粥一饭，当思来之不易。

bàn sī bàn lǚ héng niàn wu lì wéi jiān
半丝半缕，恒念物力维艰。

yí wèi yǔ ér chóu móu wú lín kě ér jué jǐng
宜未雨而绸缪，毋临渴而掘井。

zì fèng bì xū jiǎn yuē yàn kè qiē wù liú lián
自奉必须俭约，宴客切勿留连。

qì jù zhì ér jié wǎ fǒu shèng jīn yù
器具质而洁，瓦缶胜金玉。

yǐn shí yuē ér jīng yuán shū yù zhēn xiū
饮食约而精，园蔬愈珍馐。

wù yíng huá wū wù móu liáng tián
勿营华屋，勿谋良田。

sān gū liù pó shí yín dào zhī méi
三姑六婆，实淫盗之媒。

bì měi qiè jiāo fēi guī fáng zhī fú
婢美妾娇，非闺房之福。

tóng pú wù yòng jùn měi qī qiè qiē jì yàn zhuāng
童仆勿用俊美，妻妾切忌艳妆。

zōng zǔ suī yuǎn jì si bù kě bù chéng
宗祖虽远，祭祀不可不诚。

zǐ sūn suī yú jīng shū bù kě bù dú
子孙虽愚，经书不可不读。

jū shēn wù qī zhì pǔ jiào zǐ yào yǒu yì fāng
居身务期质朴，教子要有义方。

wù tān yì wài zhī cái wù yǐn guò liàng zhī jiǔ
勿贪意外之财，勿饮过量之酒。

yǔ jiān tiāo mào yì wú zhàn pián yi
与肩挑贸易，毋占便宜。

jiàn qióng kǔ qīn lín xū duō wēn xù
见穷苦亲邻，须多温恤。

kè bó chéng jiā lǐ wú jiǔ xiǎng
刻薄成家，理无久享。

lún cháng guāi chuǎn lì jiàn xiāo wáng
伦常乖舛，立见消亡。

di dì shū zhí xū fēn duō rùn guǎ
兄弟叔侄，须分多润寡。

zhǎng yòu nèi wài yí fǎ sù cí yán
长幼内外，宜法肃辞严。

tīng fù yán guāi gǔ ròu qǐ shì zhàng fu
听妇言，乖骨肉，岂是丈夫？

zhòng zī cái bó fù mǔ bù chéng rén zǐ
重资财，薄父母，不成人子。

jià nǚ zé jiā xù wú suǒ zhòng pìn
嫁女择佳婿，毋索重聘。

qǔ xí qiú shū nǚ wù jì hòu lián
娶媳求淑女，勿计厚奁。

jiàn fù guì ér shēng chǎn róng zhě zuì kě chǐ
见富贵而生谄容者，最可耻。

yù pín qióng ér zuò jiāo tài zhě jiàn mò shèn
遇贫穷而作骄态者，贱莫甚。

jū jiā jiè zhēng sòng sòng zé zhōng xiōng
居家戒争讼，讼则终凶。

chǔ shì jiè duō yán yán duō bì shī
处世戒多言，言多必失。

wù shì shì lì ér líng bī gū guǎ wú tān kǒu fù ér zì shā shēng qín
勿恃势力而凌逼孤寡，毋贪口腹而恣杀牲禽。

guāi pì zì shì huǐ wù bì duō
乖僻自是，悔误必多。

tuí duò zì gān jiā dào nán chéng
颓惰自甘，家道难成。

xiá nì è shào jiǔ bì shòu qí lèi
狎昵恶少，久必受其累。

qū zhì lǎo chéng jí zé kě xiāng yī
屈志老成，急则可相依。

qīng tīng fā yán ān zhī fēi rén zhī zèn sù dāng rěn nài sān sī
轻听发言，安知非人之谮诉？当忍耐三思。

yīn shì xiāng zhēng yān zhī fēi wǒ zhī bú shì xū píng xīn àn xiǎng
因事相争，焉知非我之不是？须平心暗想。

shī huì wú niàn shòu ēn mò wàng
施惠无念，受恩莫忘。

fán shì dāng liú yú dì dé yì bù yí zài wǎng
凡事当留余地，得意不宜再往。

rén yǒu xǐ qìng bù kě shēng dù jì xīn
人有喜庆，不可生妒忌心。

rén yǒu huò huàn bù kě shēng xǐ xìng xīn
人有祸患，不可生喜幸心。

shàn yù rén jiàn bú shì zhēn shàn è kǒng rén zhī biàn shì dà è
善欲人见，不是真善，恶恐人知，便是大恶。

jiàn sè ér qǐ yín xīn bào zài qī nǚ
见色而起淫心，报在妻女。

nì yuàn ér yòng àn jiàn huò yán zǐ sūn
匿怨而用暗箭，祸延子孙。

jiā mén hé shùn suī yōng sūn bú jì yì yǒu yú huān
家门和顺，虽饔飧不济，亦有余欢。

guó kè zǎo wán jí náng tuó wú yú zì dé zhì lè
国课早完，即囊橐无余，自得至乐。

dú shū zhì zài shèng xián fēi tú kē dì
读书志在圣贤，非徒科第。

wèi guān xīn cún jūn guó qǐ jì shēn jiā
为官心存君国，岂计身家。

shǒu fèn ān mìng shùn shí tīng tiān wéi rén ruò cǐ shù hū jìn yān
守分安命，顺时听天，为人若此，庶乎近焉。

作者简介

朱用纯（1627—1698 年），字致一，号柏庐，明末清初江苏昆山人。著名理学家、教育家。著有《治家格言》《愧讷集》《大学中庸讲义》《删补易经蒙引》《四书讲义》《春秋五传酌解》《困衡录》《毋欺录》等，其中《治家格言》对后世影响很大。

朱用纯为明末一介书生，在清初时便隐居起来，不求功名利禄，以教书为生。他居乡教授学生，潜心治学，以程、朱理学为本，提倡知行并进和躬行实践等，很有积极意义。

朱用纯深感当时的教育方法使学生难以学到真实学问，就写了《辍讲语》，反躬自责，语颇痛切。他曾用标准楷书手写数十本教材用于教学。他生平精神安宁而静谧，淡泊名利，严以律己，对当时愿和他交往的开明官吏、豪绅等，也以礼自待。

1645 年，清军进攻昆城。朱用纯父亲朱集璜曾是明末著名学者，就带领义士抵御清军。城被攻破，其父投河自尽。因为他敬仰“二十四孝中”为怀念被司马昭陷害的父亲王修而终生不面向西坐，并在父亲墓前攀柏悲号的西晋学者王裒，就自己改号为柏庐了。

朱用纯终生未入仕，一生在乡里教私塾，向弟子传授《小学》《近思录》等。因为他声名远播，在康熙年间，康熙曾经多次征召，均被他拒绝了，还坚持推掉了博学鸿儒名号的推荐。因此，他与当时著名画家徐枋、著名学者杨无咎号称“吴中三高士”。康熙三十七年染上疾患，去世前嘱咐弟子说：“学问在性命，事业在忠孝。”可见其终生追求之志。

题解+背景

朱柏庐原名朱用纯。朱用纯的父亲朱集璜曾是明末著名儒家学者，是修身齐家的楷模，诗书传家，治家有道，朱用纯从小耳濡目染，受到良好熏陶，深得治家学问，为朱用纯从小奠定了良好的思想基础。

朱用纯父亲因为率领义士抵御清军不成而投河自尽后，朱用纯昼夜恸哭，痛不欲生。他的心灵因此受到很大震动，决心要向父亲那样，坚持民族气节，决不向清廷卑躬屈膝。

在当时，朱用纯的两个弟弟年龄还很小，母亲还怀有身孕未生。朱用纯长哥当父，上要侍奉老母，下要抚育弟妹，因为受父亲牵连，颠沛流离，备尝艰辛。待时局稍稍安定后，他才返回故里，因此深知家的重要性，更深知建家不易和治家更难。

所以，朱用纯从儒学齐家的思想出发，结合自己的感受和见解，撰写了有关治家的著作，又由于他是用对仗工整的格言体写成的，因此称为《治家格言》。后来，随着《治家格言》的传播与影响，人们又将《治家格言》称为《朱子家训》《朱子治家格言》《朱柏庐治家格言》等。

《朱子家训》精辟地阐明了修身治家之道，是一篇家教名著，通篇意在劝人要勤俭持家和安分守己，讲求道德修养和行为规范的准则。其中“黎明即起，洒扫庭除”“一粥一饭，当思来处不易，半丝半缕，恒念物力维艰”等句，一直被奉为名言。作品自问世以来流传甚广，被历代士大夫尊为“治家之经”，成为了童蒙必读课本之一。

作品概况

《朱子家训》全文仅522字、54句话，却以警句、箴言的形式讲述了许多为人处世、修身治家的道理，其中主张的勤俭持家、不贪便宜、公平厚道、诚实待人、与人为善、力戒色欲和浮华，反对见利忘义、阿谀谄媚等观点一直具有积极意义。

后来，有学者认为《朱子家训》属蒙书之首，主要是让大家知道家庭教育是最重要的启蒙教育，对孩童的教育必须从家中的点点滴滴小事教起。一个人的品行人格往往就是从这些点滴生活小事中培养起来的，这就是作品的影响和家庭教育的作用。

《朱子家训》是以家庭道德为主的启蒙教材。作品以“修身”“齐家”为宗旨，集儒家做人处世方法之大成，思想植根深厚，含义博大精深。

在中国历史上，《朱子家训》有两个版本，一是朱用纯所作，二是南宋著名理学家朱熹所做。朱用纯所作《朱子家训》原名为《治家格言》，朱熹所作《朱子家训》原题为《紫阳朱子家训》，“紫阳”是朱熹的别号。

朱熹的《朱子家训》和朱用纯的《治家格言》是在不同时代由不同先贤所撰写出来的不同传世著作，但世人多把他们的作品搞混了，通常人们多以《朱子家训》来称呼朱用纯的《治家格言》，反而朱熹老夫子真正的《朱子家训》一般人却不知道，可见朱用纯的《治家格言》影响力有多大。

思想内容

《朱子家训》在中国具有很大的影响，内容集中体现了中国人修身齐家的理想与追求，特别是从治家的角度，谈了安全、卫生、勤俭、有备、饮食、房田、婚姻、美色、祭祖、读书、教育、财酒、戒性、体恤、谦和、无争、交友、自省、向善、纳税、为官、顺应、安分、积德等诸方面的问题。

作品核心思想就是要让人成为一个正大光明、知书明理、生活严谨、宽容善良、理想崇高的人，这也是中国文化的一贯追求。大家如果真正依此践行，不仅能成为一个有高尚情操的人，更能构建美满家庭，进而构建和谐社会。

作品精辟地阐明了修身治家之道，其中许多内容继承了中国传统文化的优秀特点，比如尊敬师长，勤俭持家，邻里和睦等，在今天仍然具有现实意义。

在当代重新思考和审视传统文化中的勤俭思想的背景下，《朱子家训》对社会中奢靡风气的治理，可以提供思想方面的指导，也可对人们在现实生活中的实践进行帮助。

《朱子家训》属于家教启蒙读物，所以需要家长和子女一起读。做家长的读了，知道怎样管理家庭、怎样教育子女、怎样在家庭生活小事中去教育孩子；孩子读了，知道怎样做人、怎样在具体生活中要求自己，将来也更知道怎样管理自己的生活与家庭。

当然，其中封建性的糟粕如对女性的某种偏见、迷信报应、自得守旧等，是那个时代的历史局限，还有一些提倡封建道德的东西等，我们不能苛求于前人，应该很好地摒弃它，采取扬弃的方式传承学习它。

艺术特点

《朱子家训》用了一种既通俗易懂又讲究语言骈偶的形式。通俗易懂则容易被广大读者接受，语言骈偶则朗朗上口，容易记忆。言简意赅，且内容丰富。

骈指两马相并，骈文就是用作对联的方式写的文章，每句都两两相对，讲究平仄对仗，铿锵有韵，是最能展现汉语独特魅力的一种文体，在魏晋南北朝时最为兴盛，后世也不乏佳作。《朱子家训》就是以骈文形式写成，每句都对仗，具有独特的魅力。

《朱子家训》之所以被各阶层公认为“修身”“齐家”经典，儒家处世大成，首要原因是行文通俗易懂，好学易记，内容紧密联系现实，长幼皆能受教。

特别是半文半白，绝少用典，工整对仗，朗朗上口，这样通俗的行文，在教育普及率不高的两三百年前，即便是乡野村夫，听读之后，也能大致理解，一般学龄儿童背诵两三天，就能熟极而流，进而形成某种并非刻意设计的教学相长的传播体系。

《朱子家训》是“经典诵读口袋书”的一种，通篇讲中国几千年形成的道德教育思想，以名言警句的形式表达出来，可以口头传训，也可以写成对联条幅挂在大门、厅堂和居室，作为治理家庭和教育子女的座右铭。因此，很为官宦、士绅和书香门第乐道，在中国传统文化家训思想中有着较为广泛的影响力。

目 录

黎明即起

黎明[1]即[2]起，洒[3]扫庭除[4]，要内外整洁[5]。

注释

1 黎明：黎是黑色，黑夜与白昼交接的一段时间叫黎明。

2 即起：立刻起床。即，立刻，马上。

3 洒（sǎ）扫：洒，用水洒湿地面。扫，扫地，打扫。

4 庭除：门前面的台阶叫庭除。

5 整洁：整，整齐，工整。洁，干净，整洁。

解读

天刚亮时就起身，起来后要用水来洒湿庭堂内外的地面，然后再把地彻底打扫干净，这样就使家中里里外外都十分整齐、干净。

故事链接

陈蕃打扫屋子

陈蕃（？—168年），字仲举。汝南平舆，即今河南平舆北人。东汉时期名臣，与窦武、刘淑合称“三君”。他学识渊博，胸怀大志，少年时代发奋读书，以天下为己任。

陈蕃15岁时，有一天，他父亲的一位老朋友薛勤来看他，见他独居的院内杂草丛生、秽物满地，就对他说：“你怎么不打扫一下屋子，以招待宾客呢？”

陈蕃回答：“大丈夫处世，当扫天下，安事一屋乎！”这句话的意思是说，大丈夫处理事情，应当以扫除天下的祸患这件大事为己任，为什么要在意一间房子呢？

这回答让薛勤暗自吃惊，知道此人虽然年少却志向远大，感叹之余，薛勤反问道：“一屋不扫，何以扫天下？”意思是说，你连一间屋子都不打扫，怎么能够治理天下呢？

陈蕃听了无言以对，觉得很有道理。从此，他开始注意从身边小事做起，最终成为一代名臣。

第五伦勤俭持家

东汉时候，有一位地方官，复姓第五，名叫伦。第五伦为官清廉，持家有方，以俭治家，远近闻名，人人爱戴。他当太守时，有一年，朝廷发给他两千石俸禄。他领到俸禄后，看到百姓中有些人家生活艰难，于是，留下自家食用外，其余全部分赠给穷困百姓。

汉光武刘秀时，第五伦出任太守。到了汉章帝时，他又被皇帝封为司空。他做官时间很长，按说应该有很多积蓄，但实际上并没有。他把大部分钱财都用于救济别人了。

他对家人要求极严，不许子女穿绸衣，就连他的妻子司空夫人，平时也只穿粗布衣裙。别的有钱人家，妻妾奴仆成群，第五伦家却粗茶淡饭，家中仅有一两个干重活的仆人，其他洗菜、做饭、缝纫等等家务，都由他妻子一人承担。

有一次，第五伦的一个远亲从外地来到他家。远亲心想，第五伦长年做官，官位显赫，家中一定是亭台楼阁，富丽堂皇。不料，走进第五伦家中一看，完全与他所想的相反，宅院狭小，摆设简朴，许多家具已很破旧。他还看到司空夫人忙里忙外，洗衣做饭，真让人难以相信……

吃饭时，那位远亲说："没听说过，大官的夫人还要下厨做饭！这不是和下等人一样了嘛！"

第五伦听了，不以为然地笑笑说："平常人家的妇人，不仅烧饭，还要干粗活，我们已经比别人强多了。持家要勤俭，否则若养成奢侈浪费的习惯，人就会变懒变馋。那样，家风就败坏了，家风不好，那才丢面子呢！我们的家风决不能变！"

那位远亲想了想，说："也许你说得是对的，不过，像你这样的大官少见啊！"

其实，第五伦在家中，不但让妻子、儿女做家务，他自己一有闲暇，也经常动手干些力气活。有一回，第五伦的下属部门调来了一位新人。晚上，这位年轻的官员特意前来拜见上司。

年轻人走进第五伦家中，看到一位衣着简朴的妇人，说：“请禀告你家主人，有客人来访。”

年轻人说罢，坐了下来，等待那妇人去禀报。妇人听了年轻人的话，没有立刻离开屋子，而是上下打量了一下客人，然后和气地问：“官人一定是新来的吧？”说着，倒来一杯茶，放在桌上，然后坐在年轻人的对面。

年轻官员见眼前妇人不去禀报，却坐在自己身旁，心中十分不悦。他瞪了妇人一眼，重复说：“你快去禀报你家主人，说有客人来。”

妇人刚要说话，恰巧第五伦的小儿子跑了进来。喊道：“娘，来客人了？”

这时，年轻官员才明白，这妇人是第五伦的夫人。他十分尴尬，但第五伦的妻子却不在意，仍然和气地说：“太守不在家，他吃罢饭，随仆人一起上山割草去了。”

年轻官员诧讶地问：“割草？太守还要去割草？”

那孩子说：“是啊，爹爹割了草好喂马啊！”

即昏便息

即[1]昏[2]便息[3]，关锁门户[4]，必亲自检点[5]。

注释

①即：一……就，随之立刻就，副词。

②昏：天刚黑的时候，傍晚，黄昏。

③息：停止，歇息。

④门户：古代双扇叫门，单扇叫户。

⑤检点：指查看符合与否，细心查点的意思。

解读

天黑后就要休息，要把门锁好，同时，家里的一切都要亲自来进行查看，以免有什么疏漏，注意安全是我们都应做到的。

故事链接

陈世恩耐心教弟

明朝的陈世恩，是明神宗万历年间的进士，他家有兄弟三人。长兄是一个学问、道德都很好的人，孝顺廉洁，得到乡里的敬重。陈世恩是老二，当时还没有成就。但是他的德行也如兄长一样为众人所称许。但是，他们的三弟整日无所事事，还结交了一帮不好的朋友，到处游荡，经常是一大早就不见了人影，深更半夜才回来。三弟的年少轻狂大哥看在眼里，急在心头，只要有机会，就苦口婆心地劝他：“三弟呀！不要再在外面游荡了！要早点回家免得让家人担心啊！”

三弟正是年轻气盛的时候，大哥劝一次、两次还罢，次数多了，他觉得十分反感。陈世恩见此情景，与大哥约定，由他来劝三弟。当晚，陈世恩手里拿着院子大门的钥匙，在门前等弟弟回来。弟弟没料到是二哥在等他，有点不知所措。

“赶快进来吧！外面冷。”

第二天一大早，弟弟又溜出去了，仍然是一整天也没有回来，陈世恩和前一天一样，晚上仍在院子门口等弟弟。还给他泡了茶，嘱咐他早点歇息。这下弟弟可有些睡不着了！假如二哥也像大哥那样骂自己几句，自己倒觉得无所谓，但是二哥却半点也没责怪自己。回想起自己在外面花天酒地的情形，弟弟觉得脸上有些发烧。

此后连续几天，弟弟在外面开始待不住了，眼前尽是哥哥深夜翘首企盼自己归家的情形。他对朋友们提出要先告辞，朋友们嘲笑他说：“急什么？难道怕家里的大棒槌吗？”

弟弟只好又和他们玩到天黑，赶回家时，二哥又是一脸关切地抚着他的肩头，问他有没有哪里不舒服。弟弟不觉羞惭交加，心头一酸，“哇”的一下哭出声来，跪下去对二哥说：“我错了，请二哥责罚！”

从此以后，三弟像换了个人一样，再也不和那帮朋友一起混了。在两位哥哥的精心教导下，他认真学习，发奋图强，成了一位德才兼备的人。

努力少犯错的曾参

孔子有个学生叫曾参，他不但勤奋好学，还特别注重自己的道德修养。随着学问、品德的不断进步，曾参对自己的要求也越来越严。可是慢慢地曾参发现，不管自己怎么努力，有时还是会做错事，他想让自己更少地犯错误。

于是，他就想了个办法，每天晚上睡觉前，对自己一天的所作所为进行仔细的反思：我今天做了什么有意义的事情吗？有没有什么不对的地方？该学的东西都掌握了吗？

曾参不但每天自己反省，还留心观察别人做事，处处总结经验教训。有人见他那么刻苦，就劝他说：“曾参，何必那么认真呢？人没有十全十美的，是人就会犯错误嘛！”

可曾参回答说：“可能我没法达到完美，可要努力做了，总会让自己不断进步呀！”勤勉的曾参最后终于成为一个学识渊博、品德高尚的人。

一粥一饭

一粥[1]一饭，当[2]思[3]来之不易[4]。

注释

①粥：用米面等食物煮成的半流质食品。

②当：这里是应当，应该的意思。

③思：指想，考虑，思虑，动脑筋。

④来之不易：得到它不容易。表示财物的取得或事物的成功是不容易的。

解读

我们吃饭时，看着那一碗粥或一碗饭时，应当想到，有了它们是多么不容易啊，我们能够很好地解决温饱是多么不容易啊。

故事链接

节俭奉公的是仪

三国时，吴国有一个专管国家机要的骑都尉，名叫是仪，他是一个德才兼备的官员。是仪前后做官半个世纪，从县吏到公卿、封侯。但他从未置过任何产业，不接受额外赏赐和别人的馈赠，一辈子过着极为俭朴的生活。

是仪廉于自身，固守清俭的行为，受到当地人的尊敬，大家交口称赞。人们一传十，十传百，不久传到了孙权那里。

起初，孙权并不太相信，因为在东吴，攀比排场、奢侈之风日益兴盛，他想：是仪固然可能没有田产，但到底会不会像朝野上下所赞誉的那样俭朴呢？为了证实传闻，他决定去是仪家看个究竟。

这一天，孙权连个招呼都不打，就驾车专程来到了是仪家，只见他的屋舍简陋窄小，年久失修显得破旧，屋内光线昏暗，全然不像个朝廷重臣的宅第。过了一会儿，正巧是仪家开饭，孙权坚持要亲眼看看是仪家平时的饮食，端上来的是粗米饭和简单的蔬菜，亲口尝一尝，味道很一般。

孙权叹息不已，连声说道："想不到你为官数十载，身为朝廷股肱，竟吃得这么差，住得这么寒酸，耳闻目睹，可敬可佩！"

说罢，孙权吩咐增加是仪的俸禄，并额外赏赐给他田产和住宅。是仪执意不肯接受，一再辞谢道："臣一生俭节，粗茶淡饮足矣。"

孙权只得作罢。从那以后，孙权对是仪倍加尊重，有一年，他外出巡视，又路过是仪家附近，忽见一幢壮观的新宅大院，外表修饰得富丽堂皇，在一片低矮的旧宅中十分引人注目，他问左右："谁家的新宅如此富丽？"

侍从中有人根据方位随口答道："好像是是仪家。"

孙权连连摇头，说道："是仪简朴过人，堪称廉洁奉公的楷模，肯定不是他家营建的新房。"

结果，一经查问，果然不是。是仪一生勤勉、公不存私、清心寡欲的高风亮节，一直保持到生命最后一息。临终前，他留下遗言："死后只穿平常衣服入殓，薄棺素身，无须髹漆装饰，丧事杜绝奢华，一切务必从俭。"

按照是仪的遗愿，子女亲友们从简办了丧事，是仪的美德也一代一代流传下来。

晋文公饱不忘饥

晋献公死后，他的五个儿子为了争夺君位展开了激烈的斗争。公子重耳遭受到陷害，逃到了狄国。他的同父异母兄弟夷吾当上国君，就是晋惠公。为了除去后患，晋惠公派人刺杀重耳。重耳连夜带着狐偃等人，再次出逃避难。

他们一路逃跑，风餐露宿，历尽艰辛，粮食不够吃，衣服不够穿，不得不靠野菜充饥或乞讨度日。在整个逃难的艰苦岁月里，狐偃紧跟公子重耳，帮他渡过道道难关。

秦穆公一心要帮助公子重耳回晋国做国君，便于公元前636年出动大军，亲自护送他。到了黄河，秦穆公把一半人马送给他过河，自己留一半人马在黄河西岸作为接应。

上船的时候，公子重耳的随从把逃难时用的物品全都搬到船上，一样也舍不得扔掉。重耳说："我回去做国君，要什么有什么，还要这些破破烂烂的干什么？"说着吩咐人们把东西撇在岸上。

忠心耿耿的狐偃把这一切都看在眼里，他的心中十分难过。他想到重耳未得富贵就先忘了贫贱，将来怎么会是个好君主呢？于是，他把秦穆公送给他的一块白玉拿出来，对重耳说："如今公子过河，对岸就是晋国。你内有大臣，外有秦国，我就留在这里吧。现奉上这白玉，以表我的心意。"

重耳一听，感觉十分诧异。他说："我全靠你们的帮助，才有了今日。大家在外面吃了这么多年苦，现在回去，有福同享，你怎能不回去呢？"

狐偃说："以前公子在患难之中，我有些用处。现在公子回去做国君，情形不同了，自然另有一批新人使唤，我们就好比这些旧衣破鞋，还带回去做什么？"

重耳听了恍然大悟，于是红着脸、流着泪对狐偃说："这全是我的不是，做人应该饱不忘饥啊！"说着，他又吩咐把破烂东西重新装到船上。

他们过了黄河，打了胜仗，重耳做了国君，就是晋文公。

半丝半缕

半丝[1]半缕[2]，恒[3]念物力维艰[4]。

注释

①丝：蚕吐出的像线的东西，是织绸缎等的原料。

②缕：麻线，丝线，泛指线状的物品。

③恒：经常，常常，持之以恒地。

④物力维艰：物，物资。力，财力。维，是。艰，困难。指物资来之不易。

解读

我们所穿的衣服由丝线组成，因此，我们要经常念着这些物资所带来的贡献，因为它们的生产也是十分艰难的。

故事链接

杨坚厉行勤俭

公元589年，隋文帝杨坚实现了南北方的重新统一。他总结了前人的经验，认识到勤俭是治国最重要的途径。为振兴国家，他身体力行，勤于政事，俭于自奉。

每天一早，杨坚便上朝理政，直到过午还不知疲倦；乘车外出途中，遇到有人上书，便停下车来亲自过问。在生活上他规定从帝王到后宫，服饰器用，务求节俭。妃嫔们的衣服，只要能穿，就不换新的；宫人们的衣服脏了，都要洗过再穿；车舆上的东西破了，补补之后再用。隋文帝自己的衣服和用物，也是用坏了随时送去修补，补好再用。

有一天，隋文帝见到太子杨勇的铠甲曾精心地装饰过，很不高兴，便把太子叫到跟前，很严厉地告诫他说："自古帝王没有好奢侈而能长久的。你当太子，应该把俭约放在首位，将来才能继承好皇位。为了让你学习我的榜样，我过去穿过的衣服，你应该各留一件在身边，经常观看，以便时刻提醒自己不要奢侈。"

有一次，隋文帝身患痢疾，配些止痢药，需用一两胡椒粉，可是，找遍了宫中上下都找不到。又一次，他到灾区视察，他拿着老百姓吃的糠给群臣看，痛苦地责备自己无德，表示今后膳食从简，不吃酒肉。

由于皇帝躬行节俭，使当时社会上也出现了俭朴之风。一般士人平日多穿布帛，装饰品也只用铜、铁、骨、角制造，不用金玉，为国家节省了大量的金钱和物资。为了提倡节俭，行成风气，他还从法律上规定，对挥霍无度者严惩不贷。

隋文帝还经常派人侦察朝内外正官，发现罪状便加重惩罚。他痛恨官吏的贪污行为，甚至秘密派人给官吏送贿，一旦有官吏接受，立即处死。他的儿子杨俊，生活奢侈，被发现后勒令禁闭。

大臣杨素认为罚得太重，他说："皇上和百姓只有一个法律，照你说来，为什么不另造皇子律？"

由于隋文帝在建国初能厉行勤俭，使政治较为清明，阶级矛盾相对缓和，人民的负担比南北朝时期有了显著的减轻，经济呈现出繁荣景象。

柳宗元开发柳州

柳宗元是中国历史上很有才华的政治改革家，著名文学家。他十分体恤民生疾苦，一生勤劳节俭，特别是开发岭南、造福岭南人民的美德千古流芳。

唐宪宗时期，已经43岁的柳宗元再度遭受打击，被贬到荒凉辽远的广西柳州做刺史。当时的柳州，古树参天，杂草丛生，毒蛇猛兽，比比皆是。生活在这里的百姓，生产力低下，文化落后，迷信活动盛行，生活极端贫困。柳宗元上任后，一面改革落后习俗，一面带领百姓勤耕垄亩，发展生产。

当时的柳州，荒地很多。柳宗元就组织闲散劳力去开垦。他教人们在被开垦的土地上种菜，种稻，种竹，种树。仅大云寺一处就种竹三万竿，开垦菜地百畦。他很重视植树造林，自己还亲自在柳江边上栽柳树，在柳州城西北种柑树。

柳宗元除了亲自动手种植中草药外，还亲自采药、晒药、制药、研究药的功效，常常用自己来做试验，好认识药性和药效，广泛向人们宣传防病治病的知识。

在当时，柳州民间流传着“三川九漏”的迷信说法，柳州人不敢破土打井，因此，人们不得不用各种器皿去背江水饮用，路途遥远，十分艰难。

柳宗元动员百姓破除迷信，并亲自动手带领大家破土打井，从那以后，柳州人才吃上自己打的井水。在柳宗元的教化下，柳州人还学会了养鸡、养鱼、修造船只等本领，出现了人人劳作，勤耕垄亩，宅有新屋，户有新船的新景象。

柳宗元做柳州刺史四年，一心恤民奉公，自己生活却很凄苦。虽为一州之长，但死后却无钱料理丧事，还是朋友相助，才得以归葬。为了怀念这位刺史，柳州人民为他在罗池立庙，奉他为“罗池之神”。这庙至今还矗立在柳州市的柳侯公园里。

宜未雨而绸缪

宜[1]未[2]雨而绸缪[3]，毋[4]临[5]渴而掘井[6]。

注释

1. 宜：应该，应当，适合。
2. 未：相当于“不”“不曾”“没有”“尚未”。
3. 绸缪（chóu móu）：指事前准备。
4. 毋（wú）：不，不要，不可以。
5. 临：在即将……的时候，临近，靠近。
6. 掘井（jué）：挖井，打井。掘，刨，挖。

解读

做任何事情之前都先要做好准备，就好像在没到下雨的时候，要先把房子修补完善一样，不要“临时抱佛脚”，就像到了口渴的时候，才想起来要挖井。

故事链接

周公未雨绸缪

公元前1046年，周武王灭了商朝。为了安抚商朝遗民，他把纣王的儿子武庚封在朝歌做诸侯，同时又把自己的三个弟弟管叔、蔡叔和霍叔分别封在武庚的东面、西面和北面，以便监视他们。

武王的弟弟周公以及太公、召公等帮助武王灭商立了大功，武王就把他们留在京城辅政，其中周公最受信任。两年后，武王得了重病，大臣们焦虑万分。周公特地祭告周朝祖先，表示愿意代哥哥去死，请先王保佑武王恢复健康，祭毕，周公把祝辞封存在石室里，严令史官不得泄密。

事有凑巧，周公祝祷后的第二天，武王的病开始出现转机，周公和其他大臣都十分高兴。但不久，过度的操劳使武王旧病复发，终不治身亡。年幼的太子姬诵被拥立为王，史称周成王，周公受武王遗命摄政。

周公的摄政引起了管叔等人的不满。他们散布谣言，说周公摄政是为了篡夺王位，从而引起了成王的怀疑，周公百口莫辩，离开了镐京。不甘心商朝灭亡的武庚见周氏兄弟之间出现了矛盾，就派人去联络管叔等，挑拨他们与周公的关系，同时积极准备起兵叛乱。

周公经过两年的调查，终于查清了谣言的来源，知道了武庚准备叛乱的情况。他十分焦急，便写了一首名为《鸱鸮》的诗给成王。

诗的大意是：鸱鸮啊鸱鸮，你夺走了我的孩子，不要再毁掉我的窝！趁着天未下雨，我要剥下桑根的皮修补好门窗。我的手已发麻，嘴已磨损，羽毛也将落尽，可是我的窝还在风雨中飘摇！

这首诗以母鸟的口吻，反映了周公对国事的深切忧虑，但年轻的成王并未能了解周公的苦心，对此无动于衷。后来，成王无意中在石室里发现了周公的祝辞，深深为之感动，就立即派人把周公请回镐京。

周公回京后，成王派他出兵征讨三叔和武庚。周公足智多谋，很快平息了叛乱，周王朝的统治得到了巩固。后来，人们便用“未雨绸缪”这个成语来比喻事先做好准备。

刘邦敬老得贤臣

秦朝末年，刘邦和项羽兵分两路进军关中，楚怀王与他们约定，先进入咸阳者为关中王。刘邦率领大军直捣秦国国都的门户函谷关。他途经高阳，准备消灭驻扎在那里的秦军。

高阳有一个名叫郦食其的老头，60多岁，酒量惊人，很有韬略。他看到刘邦是个能成就大业的人，就让在刘邦帐下当骑兵的一个乡亲引见，想见刘邦，愿为他效劳。刘邦答应了。

郦食其来到刘邦居住的驿舍，进到屋里，看见刘邦正坐在床边，让两个女子给他洗脚。郦食其故意慢慢腾腾地走到刘邦面前，只是作揖并不拜。刘邦看见来人是个60多岁的儒生，心里很厌烦，坐在床边纹丝不动，好像根本没看见有人给他行礼。

郦食其看到刘邦这样傲慢无礼，很生气，高声问道：“足下带兵到此，不知是帮助秦国攻打起事的诸侯呢？还是帮助各诸侯讨伐暴秦？”

刘邦听他说话这样随便，明知故问，也不下拜，举止故作斯文，于是大动肝火，大骂道：“你真是一个不识时务的书呆子！天下人谁没有尝过暴秦的苦头？天下的豪杰都讨伐秦，我怎么会去助秦？”

郦食其不紧不慢地说：“足下如果真心讨伐暴秦，为什么见到年长的人这样无礼？你想一想，行军打仗不能蛮干，要有好的谋略，如果您对待贤人这样傲慢，那么谁还为您献计献策呢？”

刘邦听了这番话，急忙擦脚穿鞋整衣，向郦食其道歉，请他坐在上座，恭恭敬敬地说：“先生有何良策，请多多指教。”

郦食其见刘邦改变了态度，虚心求教，便对他说：“足下的兵马还不到一万人，就打算长驱攻入秦国的国都，这好比是驱赶着羊群扑向老虎，只能白白送命。依我看不如先去攻打陈留。陈留是个战略要地，城中积存的粮食很多，作为军粮足够用，而且交通四通八达。”

刘邦听了非常高兴，请郦食其先行到陈留，然后选派一员大将领一部分精兵赶到。

郦食其来到陈留，见到县令，劝他投降，县令不肯。郦食其在酒宴上把县令灌醉了，然后偷出县衙令箭，假传县令的命令，骗开城门，把刘邦的军队放进去，砍死了县令。

第二天，刘邦的大队人马进入陈留。由于郦食其事先早已为刘邦写好了安民告示，刘邦一进城，就受到百姓的欢迎。

刘邦看到陈留果然贮有大量的粮食，十分佩服郦食其的神机妙算，于是，封他为广野君。刘邦在陈留招兵买马，军队扩大了将近一倍，最终抢在项羽之前攻入了关中。

自奉必须俭约

自奉[1]必须俭约[2]，宴客[3]切勿[4]留连[5]。

注释

①自奉：对自己的奉养，就是自己日常生活享用。

②俭约：俭省节约。俭，节省，不浪费。约，简要，简单。

③宴客：招待客人，这里指聚会在一起吃饭喝酒。

④切勿：务必不要。《红楼梦》第十八回：“贵妃切勿以政夫妇残年为念。”

⑤留连：指留恋，不舍得离开。出自《易林·复之离》：“行旅迟迟，留连齐鲁。”

解读

自己在平时生活中，必须要俭省节约，此外，在平时聚会中，也不要因为在一起吃饭而流连忘返，应该养成勤俭节约的好习惯。

故事链接

长孙皇后崇尚节俭

唐朝有位贤明的皇后，她就是唐太宗的文德顺圣皇后长孙氏，她一生尊崇节俭。长孙皇后生了三个儿子。有一天，太子的乳母遂安夫人见东宫用器太少，要求皇后添置一些。

皇后不许，并说："我替太子忧虑的是德不立而名不扬，并非器物太少。如今国家新建，百姓饱受战乱之苦，刚刚安定下来。太子作为储君，应多多体恤民情，注意节俭，方为人君之德。"

长孙皇后不仅对太子严格要求，自己也是躬行节俭。凡是衣物车马，只要够用就好，从不讲究。六宫上下，都以皇后为榜样，不敢靡费。

公元634年，长孙皇后临终之际，正是大臣房玄龄因一点小的过错被太宗遣归家门之时。长孙皇后从大唐朝的利益出发，再三向唐太宗求情说："玄龄跟随陛下时间最长，处事小心谨慎，参与国家机密，从来不泄漏一句，为官以国为忧，孜孜求治。平日生活节俭，从不奢侈浪费，一日

三餐不食山珍海味。这是多可贵的品质啊！只要没有犯什么大错，请您不要罢免他。”

长孙皇后又说：“我的本家有幸与皇上您结成姻亲，但他们并不是靠才德获得高位。生活上不注重节俭，追求华贵，贪图享受。这很容易闹出乱子，请皇上不要让他们掌握大权，只以外戚的身份入宫请见，我就放心了。”

最后，长孙皇后又用低微的声音说：“自古圣贤都崇尚节俭，只有无道之君才大兴土木，劳民伤财。我死之后，不可破费厚葬。只愿依山为坟，不用制造棺椁，所需器服用品，都用木瓦，如能以俭约送终，就是皇上对我的最好怀念了。”

听了长孙皇后的话，太宗难以抑制心中的悲痛，默默地应允了她。

刘晏雪中吃烧饼

刘晏是唐朝著名的政治家，善于管理经济。他官至左仆射，是负责全国财政的大臣。他手中虽然掌管着全国的亿万钱财，但是他自己的生活却十分俭朴。他的马车是旧的，穿的衣服也很平常，几乎与普通百姓一样，从来不搞特殊

有一年冬天，有一次他办完公务准备去上早朝，正赶上天下起了鹅毛大雪。五更时，街上的店铺点起了灯火，早饭的香味从一家家饮食店里飘逸出来。刘晏使劲地搓着冻僵了的双手，对车夫说：“找一家店铺，买一些早点充饥，然后再去上早朝。”

车夫答应着，将马车停在一家店铺前。刘晏走下车子，步入店内。他一看价格，比别的店贵，就转身退出店外。与车夫继续往前走，在一家价格便宜的烧饼铺前停了下来，他对车夫说：“你去买些烧饼，够我们两人

吃的即可。”

车夫买来了热气腾腾的烧饼，刘晏急忙摘下帽子，将烧饼放在里面，然后，他和车夫一起站在雪地里吃起来。几个也要上早朝的官员看到刘晏站在雪地里啃烧饼的样子，小声讥讽道：“刘晏身为国家大臣，太寒酸了，他怎么跟乡下佬似的！”

刘晏听到了，毫不在意，说：“这烧饼真好吃！”

他的仆人听了人家的讥讽，心中愤愤不平，觉得脸上无光。刘晏却呵呵笑着说：“别被那些世俗的说法拉过去，个人要有主见。君子仁人从来就是讲求节俭的。一个人光讲奢侈，那才是真正丢了身份呢！”

车夫听了，点点头说：“老百姓还是赞成您的看法。”

刘晏的家位于闹市，居住人口杂乱。他的宅院无高楼亭阁，亦无奇花异草。因此，朋友们劝他换个地方重新修座庭院，也好风光风光，而刘晏却笑而不答，仍然住在原处。朋友们见他按兵不动，就暗地里为他找了一块地皮。

地皮找好了，就告知了他：“我们实在看不过去，你的住处太差了。一个普通官员的宅第都比你的强，何况你是掌管全国财政的大臣呢！地皮都为你找好了，你就下决心修造新府第吧！”

刘晏想了想，说：“感谢你们对我的关心，但修建豪华宅院，我刘晏是决不会干的。住宅能挡风御寒、住人休息也就可以了，不必去追求豪华。希望各位明白我的主张。”

器具质而洁

器具[1]质而洁[2]，瓦缶[3]胜[4]金玉[5]。

注释

①器具：指能够方便人们完成工作的器物用品。

②洁：干净，洁净，清洁，整洁。

③瓦缶（fǒu）：一种瓦质容器，俗称瓦罐。

④胜：超过，胜过，这里指占优势。

⑤金玉：金子和玉石，比喻非常贵重的东西。

解读

餐具那么质朴，而且还显得格外干净，虽然它只是用泥土做成的瓦器，没有什么特别之处，但是，我却认为它比金玉制的好。

故事链接

善守清廉的元明善

元明善是元朝的文学家，曾任湖广两省参知政事、翰林直学士。他才思敏捷，文辞清新，为人又清正廉洁，元仁宗非常器重他。

有一次，元仁宗命一位蒙族大臣为正使，元明善为副使，组成一支有文有武、蒙汉多民族的外交使团，出使交趾国。

在交趾国的外交公务办完后，交趾国国王派人给元朝使团送来一批金银、珠宝等礼物。看着这些厚礼，使团中的官员多有不同的想法和反应，大家都在看着正副使节的态度。

正使见后，非常高兴，连声说："多谢国王的厚意。"就把给自己的礼品收下了。随从人员见正使答应收下了，便各自纷纷地收起给自己的礼物。只有元明善表现得非常冷淡，心中很不高兴，只是正使已收下了，自己不便多说。正使看到元明善这个样子，以关心的态度劝说道："给你的这份礼品，就让随从给你收起来吧！"

"不，不，大人！"元明善急忙摇头阻止说。

"为什么？阁下莫非嫌这份礼品轻了？"正使不解地问。

"不，不，请大人不要误会。家母在世时，一再教育下官不得收受馈赠，她老人家在弥留之际，还拉着我的手要我点头答应才肯瞑目。"

正使深知汉人的礼教，又知元明善极重孝道，不便勉强，便冷冷地说了声："阁下不违母教？可敬，可敬！本官不再勉为其难了！"说完，一拱手回房去了。正使走后，元明善立即令其随从将给他的礼品交给馆舍人员，让转呈交趾国王。

交趾国派来送礼的人，把所见情形如实地向国王做了禀报。当谈到正使及随行人员的行为时，在坐君臣们不免心中暗笑，认为元朝官员品格不过如此。但当谈到元明善拒收礼品时，大家都非常震惊。国王觉得这是位神奇人物，一定要见识见识。于是特意亲自到馆舍拜访元明善。

国王看到元明善简朴的行装，暗暗钦佩，端正不语。元明善并不知国王来意，忙恭敬地说："国王政务繁忙，何必又来送行？"

国王笑了笑，说："我因有件事很不理解，特来求教。"

元明善起身说道："请国王明示。"

国王请元明善落坐，温和地说："敝国为感谢使者们跋山涉水远道而来，特备薄礼相赠。贵国大臣及随从人等均已收下，独你作为副使为什么不收？”

元明善没想到国王特来询问此事，感到有些惊奇。心想，在国王面前，他既不能公开指责上司，说正使贪财受礼，有失国格，也不能再推说自己是遵照先母遗教。

沉思片刻，元明善巧妙地解释说：“谢谢国王的好意，大使是代表我们国家接受贵国的礼品，表示两国和睦友好，我个人如若再接受礼品，就有贪财之嫌，有损我国的国格了。为了尊重我国的礼节，所以我不能接受，请大王谅解。”

国王听了他这番不卑不亢、巧妙机智的回答，赞叹不已。站在一旁的正使听后也连忙应付道：“是的，是的，我接受的这份礼品正是代表我们国家的。”回国后，正使只得把国王送的那份礼品上交了。

苏轼梁上悬钱

著名的唐宋八大家之一的苏轼，不仅才华横溢，文如泉涌，为后人留下了宝贵的文学遗产，而且一生为民造福，清廉节俭，成为百姓之友。

苏轼一生仕途坎坷，屡遭贬逐，曾到过江苏、河南、河北、广东、海南等省的许多州县做官。他所到之处，为人民做了不少好事。在徐州，他亲自率领军民修堤抢险，排除洪水，保住全城性命。驻军将士见苏轼泥浆满身，不辞辛劳组织防洪，大为感动；在杭州，他兴修水利，每天堤上巡视，与民伕同吃同住，筑成有名的“苏公堤”；在岭南，他兴办学堂，讲学明道，提倡文明。

他做官多年，心则在民，而自己则清慎一生，戒奢以俭，在百姓中享有很高威信，都视他为父母官。

公元1097年，苏轼被贬儋州。这里偏僻闭塞，愚昧落后，吃的穿的十分匮乏。苏轼对此不以为然，他坚持自食其力，自给自足。他开垦了几亩薄地，吃着自己种的山芋，住着自己搭的茅草房，穿着百姓送的棉布衣衫。阴天下雨，他便头戴青箬笠，身披绿蓑衣，脚蹬木屐，劳作田间。

苏轼在黄州时，一度落官为民，他仍旧乐观。他请得一块军防废地，开垦耕种，他给这块地起名叫“东坡”，自称“东坡隐士”。他每天披星戴月，辛苦耕耘，从不受人怜赠。他认为，物质上的欲望，永远没有止境，只有节俭，才能惜福延年。

那时候，他规定自己每天的花销不得超过150钱，每月4500钱。因此，他每月初，取出4500钱，分成30份，每份穿一串，然后把30串钱悬在房梁上，每天用一个长叉取下一串，再把长叉藏起来。凡每天没花完的钱，都装在一个竹筒子里储存起来，以备应酬之用。

公元1101年，苏轼与世长辞，噩耗传出，“吴越之民，相与哭于市。其君子，相与吊于家。讣闻四方，无贤愚皆咨嗟出涕”。可见，人民群众对他的拥戴与怀念。

饮食约而精

饮食约[1]而精[2]，园蔬[3]愈珍馐[4]。

注释

①约：简约，简要，这里当“简单”讲。

②精：好，物质中最纯粹的部分，提炼出来的东西。

③园蔬：园子中生长的蔬菜。园，种植果蔬花木的地方。

④珍馐（xiū）：珍奇精美的食品。馐，美味的食品。

解读

我们吃饭时要懂得简单且精美，营养又健康，虽然这些普通的饮食是从园里种的蔬菜中取得的，但是，它们的营养价值也远远胜过那些山珍海味。

故事链接

王安石不讲吃穿

身为宰相的王安石，虽官高禄厚，但自己不讲究穿、不讲究吃，招待来客也不失节俭。有一次，王安石儿媳家的萧姓公子，趁来汴京游玩的机会，特地华衣锦服，来拜相府。这位萧公子，在家娇生惯养，吃惯了美味佳肴。这次来相府，满以为会有什么珍馐美味大饱口福。一上午，禁食节茶，以迎盛宴。

时近中午，仆人来请。萧公子跟随仆人来至餐厅。出乎公子意料的是，桌上只有几盘家常便菜，几杯薄酒。他有些失望了。又一想：宰相府焉能如此寒酸！酒过数巡，王安石说了声："进汤饭来！"

随后，仆人便把一盆汤和两盘薄饼放在桌上。萧公子彻底失望了，只好拿起一张饼，去掉边和皮，勉强吃了饼心，便撂筷了。这萧公子哪里知道，这顿饭还是王安石的待客饭呢，他平日只有一菜一汤啊。

王安石看了看桌上的残饼，想：百姓多有食草根、树皮、观音土者，年轻人竟如此不知节俭，怎能兴国立业！于是，对萧公子说："公子，你读过唐朝李绅的悯农诗《锄禾》吗？"

萧公子答道："读过。"接着背了起来："锄禾日当午，汗滴禾下土；谁知盘中餐，粒粒皆辛苦！"

王安石捋着胡子说："背得好！公子，你一定知道这诗的含义吧？"

王安石的小儿子抢着说："我知道，是说农夫顶着晌午的烈日去锄禾，汗滴洒在禾苗下面的土里，谁能知道盘子里的饭，一粒粒都是辛苦劳动换来的。"

王安石道："说得好。既然这盘中餐，粒粒皆辛苦，我们把这残饼吃了吧！"说完，拿起一块，大口大口地吃起来。

王安石倡节俭食残饼的事，一时被传为佳话。

墨子提倡节俭

在战国时代，奴隶主、王公贵族们死后，要劳动人民为他们营建坟墓。棺材外面用很大的木椁，还捆三层牛皮。死人穿着非常讲究的衣服。一起埋葬的有玉器、丝织品、饮食用具等数不清的珍贵的东西，地下要修巨大的墓穴来埋葬这些东西。

为了减轻人民的负担，墨子反对奴隶主、王公贵族的奢侈浪费的寄生生活，提出"节用""节葬"的主张。他说："人们穿衣服是为了冬天御寒，夏天防暑热和雨水；制造车船是为了便利交通。"

因此，他坚决反对在衣、食、住、行方面的任何浪费。关于埋葬死人，他说："一个人死了，有三寸厚的木板做棺材，就可以了；只要有几件衣服，不让死人赤身裸体就够了；至于坟墓，只要能掩埋住棺材，止住尸体的臭味就行了，何必挖得很深，埋得像小山那么高呢？"

为了提倡节俭，墨子和他的学生们，过着十分俭朴的生活，身上穿的是粗布短衣，脚上穿的是麻鞋木屐。墨子一生不但节俭，而且勤劳。亲手制造对人民的生活和生产有用的东西。墨子自己就是一位精通机械制造的人，特别擅长制造防御战争中使用的器械。

勿营华屋

勿[1]营[2]华[3]屋，勿谋[4]良田[5]。

注释

①勿：副词，别，不，不要的意思。
②营：筹划，管理，建设，这里是建造的意思。
③华：华丽，豪华，奢侈，美丽而有光彩。
④谋：谋划，图谋，这里是设法寻求的意思。
⑤良田：肥沃的田地。良，优良，良好。

解读

我们在生活中，不要去营造那些过于华丽的房屋，不要去购买肥沃的田园。其实，只要能够满足我们在生活上的需求就可以了，要避免造成不必要的铺张浪费，给人一种华而不实的感觉。

故事链接

尧的简陋“宫殿”

在遥远的古代，中国的黄河流域居住着许多分散的人群。他们按照亲属关系组成氏族，好些氏族又组成了部落。黄帝和炎帝就是两个大部落的首领。过了很多年，尧当了炎黄部落联盟的首领。他很会治理天下。

当时的生产很落后，吃不上饭，穿不上衣的事常有。尧整天和老百姓在一起，对大家的苦难十分关心。他自己的生活也很俭朴。尧看到有人吃不上饭，心想：这是我使他饿肚子的。遇到有人穿不上衣服，他总觉得：这是我有过错，才使他没衣服穿的。有人犯了罪，他也首先责备自己没有尽到责任。因为尧和人民同甘苦、共患难，所以他赢得了人民的爱戴。

有一天，几个部落首领来拜望尧。他们来到尧的“宫殿”门口，细一看，都愣住了。

“天哪，他住的是什么样的房子啊！”

有个人先发出了感叹，其他人也跟着议论起来：“这明明是几间最普通的茅草房啊！”

“我们那里，守门官也比他住得好呢！”

正说着，尧走了出来。大家见他的穿戴，都不相信自己的眼睛了，嘴上没说，心里却想：“难道这个身穿补丁衣裳的人，就是大名鼎鼎的尧吗？”

这些首领们互相看了看，他们每个人都比尧穿得好，脸上不禁露出惭愧的神情，从心眼儿里更加敬重尧了。在尧招待各部落首领的“宴席”上，大家席地而坐，愉快地端起土钵、土碗，津津有味地喝着野菜汤，谈着治理天下的大事。“宫殿”里不时传出一阵阵的笑声。

从那以后，各部落的首领们都学着尧的样子，和老百姓同甘苦，共患难，向大自然展开了顽强的斗争。

孙叔敖教子不忘节俭

春秋时候，楚国人孙叔敖在湖北云梦泽地区务农。耕种的同时，他刻苦读书，很有学问。楚庄王继承王位以后，到处搜求治国人才。他听到孙叔敖很有才能的消息后，就请求孙叔敖出山做官，任命他为令尹。

孙叔敖工作兢兢业业，忠于职守，政绩十分突出。在他的辅佐下，楚国很快成为诸侯强国之一。孙叔敖一向持家严格，勤俭为本，不许家人铺张浪费。由于长年劳累，晚年染上了重病。

他躺在病床上思前想后，最不放心的就是他的儿子孙安。他想，自己死后，楚王很可能会赐给孙安一份丰厚的产业，或者留孙安在身边做官。如果这样，孙安当然不用发愁衣食穿用，可这对他有什么好处呢？

孙安自幼长在高官人家，生活方面已经比普通人优越了，如果再不靠自己的努力去养活自己，学会简朴地过日子，他就会变得更懒，变得更奢侈。这样的话，不是害了儿子吗？

孙叔敖想到这儿，忍着病痛坐起来，一笔一画地给楚王写了一份奏章。写好奏章，他把孙安叫到跟前，语重心长地对他说：“孩子，父亲一生清苦朴素，廉洁为公，没有积蓄，不能给你留下什么遗产。我已经活不久了，我死后，楚王可能封你做官，或者赐你产业。我是了解你的，你没有治理国家的才能。我看，我死后，你就回老家种地务农吧。大王如果一定要给你产业，你就只收下一块地，但千万不要争什么好地，选一块没人要的地就可以了。记住，我一生俭朴，不求富贵，希望你也如此。”

孙安流着眼泪答应着。孙叔敖又将写好的奏章轻轻递给孙安，并仔细地叮嘱：“刚才嘱咐你的意思，我都写在奏章里了。我死后，你要把奏章呈给楚王。”

几天后，孙叔敖病逝了，孙安遵照父亲遗嘱将奏章交给楚王。楚王读了奏章，深受感动。他要留孙安在自己身边做官，孙安坚持不肯。孙安带着母亲回到老家种地为生。

因为父亲没有遗产，逝世后又花去一笔丧葬费用，孙安和母亲生活十分贫苦。但他牢记父亲的话，俭朴持家，日子是会过得去的。他买了一副扁担，开始打柴为生。

几年后，楚王听到了孙安和他患病的母亲的消息，心中十分难过，就派人送钱物给孙安，都被孙安谢绝了。

三姑六婆

三姑六婆[1]，实[2]淫盗[3]之媒[4]。

注释

❶ 三姑六婆：据陶宗仪《辍耕录》，三姑指尼姑、道姑、卦姑，六婆指牙婆、媒婆、师婆、虔婆、药婆、稳婆。这里指不务正业的妇女。

❸ 实：符合客观情况，真正地，确实，实在的意思。

❹ 淫盗：奸淫偷盗。淫，在男女关系上态度或行为不正当。盗，偷盗。

❺ 媒：媒介，双方进行联系的中间人。

解读

社会上那些不正派女人的行为和做事方式是不能让人接受的，也会令人感到不齿，此外，她们也成为了淫乱和盗窃的媒介。

故事链接

郎才女貌的婚姻

太湖西山有个富翁名叫高赞，他有个女儿既漂亮，又能干，一心想找一个才貌双全的女婿。他不相信媒婆的嘴巴，决定要自己当面挑选，试过文才，自己满意才行。

吴江县有个富人叫颜俊，听说高家女儿长得很漂亮，就想娶她为妻。可是自知相貌丑陋，又不学无术，很难被高赞看中。颜俊竟异想天开，托表弟钱青冒名顶替去面试。心想，只要订了婚，娶回来，生米煮成熟饭，即使高赞知道了真相，也没什么可怕的。

他表弟钱青当真是饱读诗书，一表人才，只是穷困潦倒，在县里读书只能在颜俊家寄宿，听颜俊要他去干冒名骗人的事，心想：欲待从他，非

君子所为；欲待不从，必然见怪。

颜俊见他沉吟不决，便道：“贤弟，常言道：‘天塌下来，自有长子撑住。’什么事有愚兄在前，贤弟不必多虑。”

于是拿了些新衣衫把钱青打扮起来去求婚。高赞一见假颜俊小小后生，气宇轩昂，心里已开始喜欢他了。又请了几个儒者一谈，都赞他高才，大喜过望，便允了婚，只提出一个条件：迎亲时，必须女婿亲自上门会见亲友，才能把女儿嫁给他。

钱青回去告诉颜俊，颜俊无奈，只好在迎亲那天，又请求钱青再假冒他一次，他以为迎回来可以再由自己拜堂成亲。谁知迎亲船过了湖，会见亲友后，刚想带新娘回程，突然刮起了大风，三天三夜都不停，太湖根本无法渡过了。高赞便做主，立即在娘家成亲，假颜俊变成了真女婿。

颜俊觉得自己费了许多心机，花了许多钱财，竟让钱青占了便宜，大怒之下告到官府。钱青百般解释、证明自己这三天并未和新娘同床，颜俊根本不相信。幸好县官是个贤人，听了情况后，把新娘判给了钱青。高赞和新婚夫妇皆大欢喜，只有颜俊满面羞惭，抱头鼠窜而去。

善良换来花为媒

相传，在我国明代的洪武年间，曹州东北15里的赵楼村，住着一个名叫赵义的年轻人。这天傍晚，赵义进城卖柴买米回来，煮好了香喷喷的小米饭，正要饱餐一顿，忽然响起叫门声：“请大哥、大嫂行行好，给点吃的吧。”

赵义开门一看，原来是个手拄拐棍要饭的老婆婆。赵义忙把她搀进屋里，然后盛了满满一碗米饭，双手送到老婆婆面前，说：“老人家，请用饭。”

那老婆撩起衣襟，擦擦眼泪说：“小哥，这使不得。俺在这庄上赶了几个门，家家都断了顿，您给俺一口剩饭就行了。”

赵义干其实也很饿，但他咽两口吐沫，压压咕咕叫的饿肚子说：“俺吃过了，不饿。”

那老婆婆才接过碗来，连吃了三碗，千恩万谢，告辞而去。后来，赵义又添了些水，抓了两把干地瓜叶，掺在了锅里，又升起火来。

赵义喝完地瓜叶粥，想到庄上许多人家都断了顿，再也睡不下去了，就又来到桑篱园砍柴。谁知天黑认不准路，也不知走了多远，还是没有找到砍柴的地方。

赵义转到一片坟地，忽然看见前面霞光万道，烟雾缭绕，他走近一看，原来是一座漂亮的花园。赵义只想砍柴，无心观花，正要回去，忽然传来一阵脚步声。赵义抬头一看，只见一位白发苍苍的老婆婆已经站在面前。

只听老婆婆说：“小哥，你还往哪里去？这么多的好花不看，不是冷了栽花人的心吗？”赵义急着砍柴，只得说明原因。

老婆婆十分同情，说：“天色不早了，你就是回去，到天亮也砍不了多少柴。我送你些牡丹花去卖钱吧！”赵义见老婆婆十分诚恳，便接过花儿，道谢而归。

第二天，赵义在集上卖花。官府、商人、本地财主，都争着买。一刻工夫，花和柴都卖完了。赵义买了一石米，又揣着剩下的三吊钱，高高兴兴回到家，把米分给了乡亲们。

赵义想：米分了，可这钱应该是老婆婆的，应该还给她。这天晚上，他按照昨天的路线，找到那个百花园。老婆婆见赵义如此诚实，十分高兴，就送给赵义一束牡丹花。

赵义回到家里，在院里栽好牡丹就回屋做饭。一开门，他惊呆了：只见一个如花似玉的姑娘端坐在床上。

那姑娘看赵义憨态可掬，便微笑着说：“不要惊奇。小女姓魏，名花，母亲见你为人忠诚，把我许配给你了。”

赵义不禁又惊又喜，他惭愧地说：“我一人还愁揭不开锅呢，怎能再连累你。”

那姑娘十分通情达理。她向赵义飘飘一拜说：“既然成为了夫妻，为什么要提连累呢？我这里还带来牡丹花种一包，就撒在桑篱园内，不愁没好日子过。可有一条，此事万万不能对别人讲！”

于是，他们种下牡丹，成了夫妻。果然，在第二年谷雨时节，桑篱园内开满了牡丹。村上的人们喜气洋洋，去园内采花卖钱，买米买盐，再也不担心挨饿了。

这一带方圆几十里的人都说：“赵义的心肠很好，于是感动了神仙，降下了这牡丹园。”可是谁也不知道，这其实是赵义媳妇带来的，哪里是天上降下来的呢？

善良的赵义不辞辛劳，帮助弱小，得到了牡丹花仙的帮助。我们也要做个善良的人，这样就会得到很多朋友的帮助。

婢美妾娇

婢[1]美妾[2]娇[3]，非闺房[4]之福。

注释

1. 婢：奴婢，婢女，指被役使的女子。
2. 娇：这里是娇媚，娇艳，妩媚动人的意思。
3. 妾：妇女自称的谦词，这里指旧时男人娶的小老婆。
4. 闺房：妇女的梳妆室、卧室，这里指家庭。

解读

那些美丽的婢女和娇艳的姬妾，她们生得一副好相貌，也许还会因此而使自己荣华富贵，但是，尽管这样，她们却并非是家庭之福。

故事链接

夫差好色误国

西施，又称西子，姓施名夷光，春秋末期越国人。西施世代居住在浙江诸暨苎萝山下苎萝村，即今诸暨市城南浣纱村。她住在村西，人们便叫她西施。

西施从小聪明伶俐，长得如花似玉，到十三四岁，美名就传遍了诸暨四乡。她的父亲以卖柴为生，母亲以浣纱，就是洗衣服为生。西施小时常常帮助母亲浣纱于溪，所以又称浣纱女。西施天生丽质，禀赋绝伦，相传连皱眉抚胸的病态，也为邻女所模仿。

公元前494年，吴越交战，越败于吴，越王勾践被迫屈膝求和，携妻将臣入吴为质三年。勾践归国后，发誓洗刷这奇耻大辱，大夫范蠡改装往诸暨访贤。行至苎萝村，遇到西施。范蠡与之交谈，因西施有忧国之意，遂与她共定美人计，一同入吴。

西施入吴后，夫差简直被她迷得神魂颠倒。此后，夫差春秋住宿在姑苏台，冬夏住宿在馆娃宫，整天与西施玩花赏月，鸣琴赋诗，忘记了他作为一个国王的职责。他有时还与西施泛舟采莲，或乘画船出游，或骑马打猎，总之沉醉于美色，不能自拔。而越国却上下一心，励精图治，二十年后终于打败了吴国。吴亡后，西施随大夫范蠡驾扁舟，泛五湖，不知所终。

宫女寄边衣

边衣是古代将士打仗时穿的衣服，又叫征衣。有一年冬天，边关战事十分吃紧，唐玄宗就令后宫宫女缝制几万套棉衣，运送给前方浴血拼杀的将士们。

边衣送到前方，有一个士兵从短袍中发现了一张写着情诗的纸笺，这首诗写道：

沙场征戍客，寒苦若为眠。
战袍经手作，知落阿谁边？
畜意多添线，含情更着绵。
今生已过也，结取后身缘。

那个军士知道是宫女写的，不敢隐瞒实情，便将短诗呈交了主帅郭子仪。郭子仪见后写了一道奏章，又把这诗笺封上，并向朝廷上奏此事。

玄宗见了诗笺认为是一件好事，就在宫中找到了这个写情诗的宫女。并派专人送给宫女妆奁一份，到边关与得诗的军士成婚。

军士喜得良缘，非常感动。后来这位军士跟随郭子仪，东征西讨，屡立战功，官至卫尉卿。

童仆勿用俊美

童仆[1]勿用俊美[2]，妻妾切忌[3]艳妆[4]。

注释

❶ 童仆：家中侍候主人的孩童和仆人。

❷ 俊美：容貌、体态漂亮。俊，容貌美丽。

❸ 切忌：指禁忌，千万不要。忌，禁戒。

❹ 艳妆：装束艳美。出自南朝齐王融《春游回文诗》：“低吹杂纶羽，薄粉艳粧红。”

解读

家中那些侍候主人的家童和仆人，不可以雇用英俊美貌的人，妻、妾也不可以有艳丽的装饰。

故事链接

梁鸿与孟光

东汉时期有位靠白手起家，成为富户，后又成为东汉很有学问的大儒的人，他的名字叫梁鸿。梁鸿很小的时候，父亲就去世了，家里很贫穷。虽然如此，他却酷爱读书，凡读过的书都能通其词，解其意。

同县有个叫孟光的女子，家里比较富有，长得丑陋，可性格贤惠。家里给她说过许多婆家，都不中意，她决意要嫁给像梁鸿那样的男子。梁鸿感遇知己，完全不顾及孟光外貌的丑陋，欣然登门求婚。

但是，从孟光嫁到梁鸿家的第一天起，梁鸿却突然对孟光冷淡起来，成天闷闷不乐，硬是七天没有答理孟光。到了第八天，孟光实在不明白是什么原因，便来到梁鸿面前，询问自己犯了什么过失。

梁鸿又冷淡又伤心地说："我原来以为找到你，就遇到了知己，从此以后，我们两人志同道合，深居简出，勤俭持家，一心为事业而努力。而今却想不到你满身绣衣丽服，油头粉面，整天食鱼餐肉，竟是个爱打扮、奢侈、轻飘的女子。这难道是我所期望的吗？"

孟光听了反而心里踏实了。她笑着说："我的这身打扮和满桌的鱼肉，都是特意为了考察你的志向的。"说完，孟光解开了系扎的发髻，换上了布衣麻履，利利索索干起活来。梁鸿见了大喜，指着孟光说："这才真正是我梁鸿希望的妻子！"

陆游怀妻

南宋诗人陆游，最初娶了舅父唐闳的女儿唐琬为妻，婚后夫妻恩恩爱爱。而陆游的母亲却不喜欢自己的侄女，陆游迫于母命不得不与妻子唐氏离异。离异后，唐氏改嫁同郡宗子赵士程，陆游也另娶了妻子。

十年后的一个春天，陆游心情忧郁地独自一人，漫游山阴城沈家花园。正当他独坐独饮，借酒浇愁之时，突然意外地看见了唐琬及其改嫁后的丈夫赵士程。

尽管这时他已与唐琬分离多年，但是内心里对唐琬的感情并没有完全减弱。他想，过去唐琬是自己的爱妻，而今已属他人，好像禁宫中的杨柳，可望而不可及。

想到这里，悲痛之情顿时涌上心头。他放下酒杯，正要抽身离去。这时唐琬征得赵士程的同意，给他送来一杯酒。陆游看到唐琬这一举动，体会到她的深情，两行热泪凄潸然而下。喝下了唐琬送来的这杯苦酒，陆游在粉墙之上奋笔题下《钗头凤》这首千古绝唱。

在沈园与前夫陆游偶遇后，唐琬也填写了《钗头凤》这首有名的词。据说当时只留下“世情薄，人情恶”两句。在诗中，唐琬尽情诉说了自己对陆游的无限思念，哭诉了自己幽思成疾的境况。

已经长久经受心灵折磨的唐琬，经受此番精神刺激，身心再也无法承受，不久就在忧郁中去世。陆游闻知此事，悲痛欲绝，心灵遭受深深的创伤，终生难以释怀。沈园从此成了他对唐琬思念的承载，成了他梦魂萦绕之地。晚年入城，凡逢沈园开放之日，陆游必入园中凭吊，还留下了10多篇诗文。

宗祖虽远

宗祖[1]虽[2]远[3]，祭祀[4]不可不诚[5]。

注释

① 宗祖：祖宗，先祖。宗，家族的上辈，民族的祖先。
② 虽：副词，即使，纵然，纵使的意思。
③ 远：长远，久远，指时间上的长远。
④ 祭祀：置备供品对神佛或祖先行礼，表示崇敬并祈求保佑。
⑤ 诚：真诚，虔诚，这里指发自内心的诚意。

解读

祖宗虽然离我们的生活年代已经很久远了，但是祭祀也仍然要十分虔诚，以此来记住他们。

故事链接

孟子提倡厚葬久丧

公元前325年，滕国的国君滕定公死了，太子派然友去请教孟子怎样办丧事。孟子主张厚葬久丧。他对然友说："父母的丧事，尽心竭力去办就是了。曾子说过，当父母在世时，应按照礼节去奉侍；他们去世了，应按照礼节去埋葬和祭祀，这就是尽孝。诸侯的丧礼，我虽然不曾学习过，但也听说过，就是实行三年的丧礼。从君王一直到老百姓，三年中，都要坚持穿孝服，夏、商、周三代都是这样办的。”

然友回到滕国，把孟子的话向太子汇报了，太子觉得孟子说的有道理，便决定实行三年的丧礼。但是，命令下达后，滕国的父老和官吏都不愿意。太子也觉得难办，又把然友找来，对他说：“请您再去替我问问孟夫子吧！”

然友受太子的委托，又匆忙坐上马车去请教孟子。孟子听了然友介绍的情况后，严肃地说：“孔子说过：‘国君死了，太子把一切政务交给相国，在孝子之位痛哭就是了。这样，大小官吏没有人敢不悲哀的，因为太子亲身带头的缘故啊！’国君的作风好比风，百姓的作风好比草，风向哪边吹，草自然向哪边倒。这件事，太子的态度一定要坚决。”

太子听了然友的汇报后，坚定地说：“对，这应当取决于我。”

于是，太子在丧棚里住了五个月，不曾亲自颁布过任何命令和禁令。这样一来，官吏们和同宗族的人都很赞成，认为太子知礼。

五个月过去了，到举行殡葬的那天，各国都派使者来吊丧，四面八方的人都来观礼，太子面容悲哀，哭泣哀痛，参加吊丧的人也都哀之。

后来孟子宣扬的厚葬久丧，已没有人尊奉了，但他提倡的尊敬父母兄长，感激父母的养育之恩已成为美好道德风尚。

秦族躬行孝道

秦族是西魏上郡洛川人。秦族的祖父曾为颍州刺史，父亲曾任鄜城郡守，他们两个人都是很有名望的具有卓绝品性的人。他们在的一生中，都是非常孝顺父母、忠于职守的，都因为恪守孝道而受到治下百姓的尊敬和拥戴。

他们同样没有忘记教育自己的子女遵守孝行。秦族在父亲的教诲和影响下，很小的时候就知道孝敬父母了。

父亲在作郡守的时候，秦族才七八岁。平时由仆人看护、侍候，读书写字有先生陪伴，很少见到父亲、母亲。更何况父亲公事繁杂，偶尔回家也顾不上看看他们兄弟几个，父子之间并不十分亲密。可秦族常在先生面前叨念父亲和母亲，先生为情所动，替秦族转达了对父母的问候。母亲听了以后十分高兴，常把他叫到身边，嘱告他要好好读书，将来建功立业，为国为民。秦族11岁的时候，父亲不幸病故。

秦族同他的几个弟弟至哀至悲，常因想念父亲而痛哭。他们常到父亲的坟上拜祭，发誓一定尽心竭力奉养母亲，借以告慰父亲的亡灵。过路行人为他们的孝行所感动，称赞他们是好孩子。

秦族15岁的时候，母亲也病倒了，因为父亲为官清正，家里积蓄极少，这时早已用光了。为了养活全家，秦族叫弟弟们上午读书、写字，下午随他干活。

寒暑易节之时，秦族总是最后一个换上衣服，并且是最旧最破的。吃饭的时候，他总是让母亲先吃，然后他们兄弟几个才吃，因为饭少菜也少，深怕母亲吃不饱。

尽管这样，秦族的母亲因身体病弱，禁不住忧愁和病痛的煎熬，病情加重，离开了尚未成年的儿子。

为了表达对母亲的追思，秦族保存了母亲的居室，只到祭日才进去表示怀念之情。乡里邻人敬服秦族，上书荐举。皇帝下令表彰他的孝行。

子孙虽愚

子孙[1]虽愚[2]，经书[3]不可不读。

注释

1. 子孙：泛指后代。子，儿子。孙，孙子。
2. 愚：愚笨，愚蠢，指性情上的缺陷。
3. 经书：经指“五经”，书指“四书”。

解读

子孙即使愚笨，读书时也许会十分缓慢，就算是这样，对他们的教育也是不容怠慢的，也应该让他们在读书中享受到真正的快乐。

故事链接

董遇“三余”读书

三国时期，有个著名学者叫董遇，他知识渊博，人们很佩服他。董遇对《老子》这本书很有研究，为它做了注释；对《左氏传》也下过功夫，根据研究心得写成了《朱墨别异》，被当时的读书人奉为“一代儒宗”。

董遇性格木讷，他年轻时除了读书，还常常和家人一起去田里耕作，有时也出门做些小买卖。但无论是下田耕作，还是做小买卖，他总是随身带着一些书籍，一有空闲，就拿出来诵读。他的哥哥董季中常常笑他是个书呆子，街坊邻居也跟着笑话他。可他不管别人怎样讥笑，依旧我行我素。

兴平年间，关中李傕等人作乱，他与哥哥季中便投奔到段煨将军处。他们经常上山打柴背回卖钱维持生活，每次上山打柴时董遇都带着书，有空闲就拿出书诵读。

建安初年，董遇因学识渊博，被征召为黄门侍郎，不久又被选为汉献帝的侍讲官，专门负责向汉献帝传授各种经典。汉献帝很钦佩他的才识，对他很信任。

有个人想跟着董遇学习，董遇问他："这本书你读过几遍了？"

那人回答道："一遍还未读完。"

董遇让他将这本书读一百遍再来。董遇的意思是：读书多读几遍，它的意思自然显现出来了。这位青年人听了很失望说："哪有那么多时间啊！"

"为什么不利用'三余'呢？"

“什么叫‘三余’？”

董遇答道：“‘三余’就是指三种空闲的时间，即冬天农闲时间，晚上空闲时间，雨天不干活也是空闲时间。”

王充书铺借读

王充，字仲任，会稽上虞人。他是中国东汉初期具有唯物主义思想和批判精神的杰出思想家。王充出生在浙江上虞一个贫困家庭里，少年时期就失去了父亲，没有钱读书。

他八九岁的时候，在洛阳的各家书铺里，怀里揣着干粮，贪婪地埋头读书。每当读到兴浓的时候，总是目不斜视，细心领会。有时独自狂笑，有时愁眉不展，如入其境，连身边带的干粮也常常忘记吃。因为他没有钱，从来只看书不买书，书铺的主人最初很讨厌他，有时甚至赶他走。

他总是苦苦请求：“让我看完这一本吧！”

后来，书铺的主人见他如此热心读书，年纪又小，也就原谅了他。时间长了，他的行为感动了书铺的主人，书铺主人对他很友好。他也深知在书铺里读书的珍贵，所以总认真理解，刻苦记忆。

到了30多岁的时候，王充已成为知识渊博，又有独立见解的学者。他对于当时盛行的唯心主义的说教深感不满。于是下决心给予批判。他谢绝一切应酬，集中精力，独立思考，着手写书。为了不耽误时间，不打断思路，他在自己住宅的许多地方，如门上、窗台上、炉子上、柱子上，甚至厕所里，都安放了刀和笔，想一点，写一点，走到哪里，写到哪里。

到了晚年，他生活潦倒，生活贫困，但志气不减，仍坚持为实现自己的愿望而写作，把全部的精力都用在写作上。经过艰苦奋斗，他终于用20多年的心血，写出了闪耀着辩证唯物主义思想光辉的论著《论衡》。

居身务期质朴

居身[1]务期[2]质朴[3]，教子要有义方[4]。

注释

[1] 居身：犹安身，立身处世。居，平素家居。
[2] 务期：一定期望。务，必须，一定。
[3] 质朴：指为人忠厚朴实不矫饰。朴，朴素，不加修饰。
[4] 义方：做人行事应该遵守的规范和道理。

解读

自己在生活中一定要节俭、朴素，并且用自己的行动来影响到子孙的行为，同时，我们还要以做人的正道来正确地教育子孙，让他们懂得做人的真正道理。

故事链接

刘裕崇尚节俭

南朝宋武帝刘裕，生于晋哀帝隆和二年，字德舆，少名寄奴。魏晋以来，世风崇尚奢靡，赛豪华，斗富丽的故事很多。刘裕因为经历过贫困生活，所以他十分注意禁止奢靡作风。

刘裕平时清简寡欲，对珠玉车马、丝竹女宠都很有节制。他称帝入宫，住处还是用土屏风，布灯笼，麻绳拂。就连他的孙子看了都讥笑他是“乡巴佬”。

刘裕本人平时穿着也十分随便，连齿木履，普通裙帽。他还把他补缀多层的破袄给长女并嘱咐她：“后代如有骄奢不知节俭的，就拿给他们看看。”

刘裕的女儿出嫁，陪送也不多，不给锦绣金玉。刘裕还保存自己少年时期使用的农具，用以教育后代，使其知道耕种庄稼的艰难。岭南生产一种过于精细的细布，因其过于劳民，他责令该郡太守立即停产。在他的影响下，内外上下，奢靡之风为之一扫。

刘裕的这些作法，不仅在当时消除了弊政，扭转了世风，对其后的影响也是深远的。他儿子文帝时期出现的兵车不用，民无外劳，粮食遍野，夜不闭户，家给人足，处处歌舞的“元嘉之治”就是证明。

顾恺之教儿做好人

顾恺之是南北朝时宋国吴郡太守，由于他政治清简，高风亮节，因此一直受人们所敬重。

有一天，顾恺之的一位朋友来看望他，说：“我有一言，不知当讲不当讲？”顾恺之笑了笑，说：“有话请讲，不必顾虑。”

那位朋友犹豫了一会儿，说：“是关于你公子的坏话。”顾恺之严肃地说：“那更应该讲。若隐瞒于我，那倒是害了我呀！”那朋友见顾恺之并无反感，而且诚心诚意，就说：“你的儿子顾绰，这些年来，不择手段地收积了许多钱财。而且，还在外面放债，收取高利也不择手段。如不加管束，怕是会愈演愈烈啊！”

顾恺之听了，大吃一惊，他连连向友人道谢说：“谢谢你告知我此事，不然，我仍被蒙在鼓里，岂不害人害己啊！”

顾恺之想了想，有一天，他把身边侍从叫来，叮嘱了一番，设下了一计。他坐在堂上，命侍从说："叫顾绰前来。"顾绰听说父亲叫他，心想准没好事，不是教训，就是追查放债之事。

顾恺之和颜悦色，指指旁边的椅子，说："我儿坐下。"顾绰见父亲这样待他，一颗悬着的心落地了。坐下后，等着父亲再问。顾恺之望了望儿子，脸上装出为难的样子，说："听说我儿有些债券，眼下为父有急用钱财之处，不知我儿可否给我用一些？"

顾绰一听，心里立时高兴起来，忙对父亲说："父亲如要用钱，当然可以。"顾恺之停了停，问："但不知我儿有多少债券？"顾绰忙不迭地夸耀说："可不少呢！"顾绰搬来一只箱子，放在大堂中央。顾绰打开锁，掀开箱盖，箱子里果然装满了债券。

顾恺之走到箱子跟前，突然大声呼唤道："侍从过来！"几个侍从跑了过来。顾绰还没明白父亲什么意思，那几个侍从抬起箱子就走。侍从将一箱子债券抬到院子中，点起了一堆火，然后忽的一下，将全部债券投入了火中。

顾绰一看，哭着冲上去，喊："不能烧，不能烧！"但是，早已来不及了，呼啦啦的火苗，很快烧光了那些债券。顾恺之哈哈大笑，说："顾绰，不用哭。你已经陷得很深了。烧了这些债券，从此可以清清白白做人了。"

转过身来，顾恺之又对侍从说："传言乡里，有借顾绰债的，一笔勾销，不用还了！"

远近乡里，那些借债的、没借债的，听到这个消息，无不赞扬顾恺之严于律己、严于教子和清廉公正的品格。

勿贪意外之财

勿贪[1]意外[2]之财[3]，勿饮[4]过量[5]之酒。

注释

1. 勿贪：不要贪图。贪，贪婪，求多，不知满足。
2. 意外：料想不到，意料之外。意，料想，猜想。
3. 财：钱财，财物。
4. 饮：喝，在这里特指喝酒。
5. 过量：以过多、过剩、多余为特征或超量。

解读

不要去贪图那些根本就不属于你的财富，也不要喝太多的酒，过量饮酒会对身体健康产生一定的影响。

故事链接

乐羊子妻劝夫

汉代河南郡乐羊子在路上行走的时候，曾经捡到一块别人丢失的金饼，他拿回家，把金子给了妻子。

妻子说：“我听说有志气的人不喝‘盗泉’的水，廉洁方正的人不接受他人傲慢侮辱地施舍的食物，何况是捡拾别人的失物，来谋求私利玷污自己的品德呢！”

乐羊子听后十分惭愧，他把金子扔到野外，然后远远地出外拜师求学去了。有一天，妻子正织着布，忽然听见有人敲门。她过去开了门一看，竟然是自己的丈夫回来了。她疑惑地问：“才刚刚过了一年，你怎么就回来了，是出了什么事吗？”

乐羊子望着妻子笑答：“没什么事，只是离别的日子太久了，我对你朝思暮想，实在忍受不了，就回来了。”

妻子听了这话，半晌无语，表情很是难过。她抓起剪刀，快步走到织布机前“咔嚓咔嚓”地把织了一大半的布都剪断了。乐羊子吃了一惊，问道：“你这是干什么？”

妻子回答说：“这匹布是我日日夜夜不停地织呀织呀，它才一丝一缕地积累起来，一分一毫地变长起来，终于快要织成一整匹布了。现在我把它剪断了，白白浪费了宝贵的光阴，它也永远不能恢复为整匹布了。学习也是一样的道理，要一点点地积累知识才能成功。你现在半途而废，不愿坚持到底，不是和我剪断布一样可惜吗？”

乐羊子听了这话恍然大悟，意识到自己错了，不由得羞愧不已。他再次离开家去求学，整整过了七年才终于学成而返。

杨震拒金

杨震是东汉时期的一位忠厚老实的读书人。他教了20多年的书，50岁才做上官，先是在荆州当刺史。后来，又去东莱，就是在今天的山东省当太守。杨震赴东莱上任的时候，途经昌邑县，在那里的驿站住了一夜。

昌邑县的县令叫王密，是由杨震推荐的。王密为了感谢杨震，并希望在将来继续得到他的提拔，就在夜晚带着厚礼去拜见他。

王密见到杨震后，捧上了10斤黄金。杨震见此，对王密说：“我知道你是个怎样的人，推荐了你，你怎么不清楚我是个怎样的人呐？”

王密说：“你别说这些了。我给您送点礼，是要向您表达一下我的心意，你就别客气啦。反正深更半夜，不会有人知道，你就收下吧！”

杨震脸上露出很不满意的神情，对他说：“天知道，地知道，你知道，我知道。你怎么能说没有人知道呢？要想人不知，除非己莫为，为人要坦白诚实，这才是聪明人的作法。”王密听了，羞愧万分，只好拿着黄金退了出去。

杨震后来做了好几年的太守，始终是两袖清风。家里人吃的是粗茶淡饭，出门从不坐公家的轿子。有个朋友对他说：“为了子孙后代，你多少也该置办点家产呀。”

杨震笑着回答说：“让我的后代做个清白官吏的子孙，这份遗产还不够阔气吗？”有的人认为杨震这样很傻，但更多的人认为，杨震这样才是真正的聪明人。

与肩挑贸易

与肩挑[1]贸易[2]，毋占便宜[3]。

注释

①肩挑：本义为挑担，在这里借指小商贩。
②贸易：以金钱或货物交换货物，俗称买卖。
③便宜：这里指不应得的金钱或小利益。

解读

当你在和那些做小生意的挑贩进行交易时，不要净想着去占他们的便宜，去贪图他们的小利益。

故事链接

燕昭王从善如流

公元前318年，燕国发生内乱，齐国乘机攻打燕国，杀死了燕王哙。不久，燕昭王即位。为了收复失地，他亲自登门向燕国贤者郭隗请教，寻求贤能人才的计策。

郭隗说："成帝业的国君，把贤人作为老师看待；成王业的国君，把贤人作为朋友看待；成霸业的人，把贤人作为大臣看待；而国家也保不住的国君，则把贤人作为奴役看待。大王如果虚心听取贤人的教导，恭恭敬敬地拜他为师，那么，天下的贤人就会归附到燕国来。”

燕昭王说：“我倒真想向所有的贤人学习，只是不知道先去召见谁最合适？”郭隗没有直接回答，而是讲了这么一个故事：

从前有个君王想用千金去买一匹千里马，但三年过去了也没有买到。

有个大臣对君王说：“让我来为大王效劳吧！”

过了三个月，那个大臣找到了一匹千里马，可已经死了，就花了500两黄金，把马骨买了回来。

君王大怒道：“谁让你用重金去买马骨的！”

大臣说：“一匹千里马的骨头尚且花了500两黄金，更何况活的千里马呢？天下的人必然认为大王是诚心买千里马的人，肯定会把千里马送上门来的。”果然不到一年时间，就得到三匹千里马。

郭隗讲完故事，又说：“现在大王如果真想寻求贤人做老师，那就请从我开始吧。连我郭隗都能受到重用，何况比我更有才能的人呢？他们一定会从千里之外赶来的。”

燕昭王觉得很有道理，就为郭隗修建了宫室，并把他当作老师看待。这件事传开以后，很多贤能的人从各国前来投奔燕昭王。燕国依靠这些人才，最后终于打败了齐国。

陈尧咨退马

北宋时期，翰林学士陈尧咨很喜欢养马，家里也饲养着很多马匹。后来，他买了一匹烈马。烈马脾气暴躁，不能驾驭，而且踢伤咬伤很多人。

有一天早晨，陈尧咨的父亲走进马厩，没有看到那匹烈马，便向马夫询问，马夫说：“翰林已经把马卖给一个商人了。”

陈尧咨的父亲问：“那商人把马买去做什么？”

管马的人说：“听说是买去运货。”

陈尧咨的父亲又问："翰林告诉那商人这是匹烈马吗？"

管马的人说："唉，老爷，要是跟那个商人说'这匹马又咬人又踢人'，人家还会买吗？"陈父很生气地说："真不像话，竟然还敢骗人。"说完就气呼呼地转身走了。

陈父找到儿子就问："你把那匹烈马卖了？"

陈尧咨得意地说："是啊，还卖了个高价呢！"

父亲又接着说："你手下那么多驯马的高手都管不好那匹马，一个到处游走的商人怎么能养得了它呢？你不把实情告诉他，这不明摆着是在欺骗人家吗？"

听了父亲的话，陈尧咨知道自己错了，他急忙到集市上找到买马的人，告诉了他事情原委，向他道了歉，退了钱，把马牵了回来。

见穷苦亲邻

见穷苦亲邻[1]，须[2]多温恤[3]。

注释

[1]穷苦：家境贫寒困苦。穷，贫穷。苦，艰苦。
[2]亲邻：亲戚、朋友和邻里。亲，亲戚。邻，邻居，邻里。
[3]温恤（xù）：体贴抚慰。温，温存，殷切慰问。恤，抚恤。

解读

当你看到那些穷苦的亲戚或邻居时，你要懂得去关心爱护他们，并且要对他们有金钱或其他的援助，让他们能够充分感受到你的爱心。

故事链接

陈桓公助恶自食其果

春秋时期，卫国联合宋、陈等国进攻郑国。郑庄公为了保卫自己的国家，就派使者去陈国，想与陈桓公和好结盟。陈桓公瞧不起郑庄公，拒绝结盟。

当时，陈桓公之弟陈五父劝谏陈桓公说：“亲近善人，友睦邻邦，是国家非常宝贵的策略。您不答应郑国的请求，就是助卫国作恶，那样可能会对我国不利。所以，我请求您答应郑国结盟的要求。”

陈桓公说："宋、卫这两个大国难以对付，小小的郑国能把我怎么样呢？"

陈桓公最终没有答应郑国求和的请求。结果，郑庄公为了自保，首先率领大军攻打陈国，打败了陈军。

史学家评论说，为善的机会不可失掉，作恶的行为不该助长。陈桓公长期做罪恶的事，他的失败是自食其果。

张英让邻三尺

清朝康熙年间，安徽桐城才子张英做了宰相。虽然当了大官，但张英做事依然谦恭有礼，并常常设身处地为别人着想，没有一点官架子。

有一年，张英的妻子见房子很旧了，就想把房子翻新一下。可她家的院墙和邻居的院墙紧挨着。张夫人就找邻居商量，请邻居向旁边让出三尺地盘。

邻居听了以后很气愤，以为张夫人是因为丈夫做了大官，就仗势欺人，所以坚决不肯让出三尺地盘。

张夫人见邻居这样，也误以为邻居在故意跟她作对，于是生气地给在京城的丈夫写信，叫丈夫回来解决这件事。

张英接到夫人信后，回信说，凡事应将心比心，多替别人着想，时常反省反省自己，邻居对老房子有感情，不愿让开是可以理解的。而且自己正做官，妻子这样做，很容易被人误解。

张英信中的一首诗，一直流传到如今，让人感叹不已。这首诗是这样写的：

一纸书来只为墙，

让他三尺又何妨。
万里长城今犹在，
不见当年秦始皇。

张夫人见到信后，十分羞愧。她没说什么，就主动拆了自己家的院墙，反而给邻居让出了三尺。

邻居见张夫人这样做，非常感动，也反省了自己的言行，知道误解了张夫人，于是，也就把自己家的院墙向后倒退了三尺。

从此，两家又成了好邻居。而这让出来的两个三尺巷子，后来就成了著名的“六尺巷”。

刻薄成家

刻薄[1]成[2]家，理[3]无久享[4]。

注释

[1] 刻薄：待人处事挑剔、无情，过分苛求。

[2] 成：成果，成就，这里指事物发展到一定的形态或状况。

[3] 理：指事物的规律，是非得失的标准、根据。

[4] 久享：长时间享受。久，长久。享，享受，受用。

解读

对于那些待人刻薄而发家的人，绝对没有长久享受的道理，因为他们做人的品格是极为不受欢迎的。

故事链接

谢弘微律己宽人

谢弘微，东晋时孝武帝女婿谢混的侄儿。他一生中不移志、不贪财，而受到人们的称赞。东晋末年，谢混因参与反对刘裕的活动，而被迫自杀。为此，孝武帝命令其女儿晋陵公主回宫中居住，并让其女儿与谢家断绝婚姻关系。公主在离开谢家时，决定将全部家产委托给谢混的侄儿谢弘微管理。

谢弘微一下子接受了一项万贯家财，光是家中的奴仆就有几百人。对此，人们议论纷纷，都说谢弘微从此交了财运，有了这笔财产，几辈子也够吃够用了。

谢弘微却没这么想。在他接管了这笔财产后，并没有据为己有。他精心地管理着这笔家产，自己在生活上仍然如同以往一样节俭。平日里，从不乱花人家一个钱，即使花了一个钱、一尺布，也都一一记在账上。

后来，刘裕当了皇帝，晋陵公主降为东乡君，只得离开皇宫，重新回到谢家。这时，谢弘微捧出几年来的账目，一一请婶婶清点过目。婶婶看到家里管理得井井有条，账目又一清二楚，感动得泪流满面。

她提出要把一部分财产分给侄儿，但谢弘微坚持分文不收，婶婶从心底里感叹他真是个不移志、不贪财的好侄儿。

不久，婶婶病逝。乡里人认为，谢混没有儿子，两个女儿都已出嫁，她们尽可以把能搬动的东西拿走，而如住宅、田园等多少应留一些给谢弘微了。哪知，谢弘微仍然不要任何财产，反用自己的钱安葬了婶婶。

谢混的大女婿殷睿是个有名的赌徒。他听说谢弘微不争财产，便将谢混家剩下的全部家产用去还了赌债。对此，谢混的两个女儿因受到谢弘微行为的影响，并未计较。

然而，乡里的一些正直的人对此有些气不公，有的还故意讽刺谢弘微说："你倒捞了个廉洁的好名声，可谢混家的财产全都扔进赌场了！你替别人管的什么家呀？"

谢弘微听了并不介意，只是解释说："以前人家托我管家，我管住了，以后这个家是她们姐妹的嘛。她们都不介意，我怎么能唆使她俩互相去争呢？再说，在亲戚之间争夺财产，是最无聊，最不道德的事。金银财产固然重要，但人的志向、品德更重要啊！"

谢弘微就是这样用自己的言和行表现出了他"金钱如粪土，仁义值千金”的高贵品格。

管仲与鲍叔牙结交

管仲和鲍叔牙是春秋时期齐国人。他俩自幼贫贱结交，相互间非常了解，非常知心。管仲和鲍叔牙都勤奋好学，知识渊博，成了当时才华出众的名人。管仲做了齐公子纠的老师，鲍叔牙做了齐公子小白的老师，两人各保其主。

后来，齐公子纠和齐公子小白因争夺君主之位，互相残杀起来。公子小白胜利了，当了齐国的君主，叫齐桓公。而公子纠被逼自杀，管仲被俘，成了阶下囚。齐桓公准备处死管仲。

这时，鲍叔牙已做了齐国的宰相，他千方百计地解救管仲，并向齐桓公推荐管仲说：“管仲的才能大大超过我，要使齐国富强起来，非重用他不可。”

齐桓公听了鲍叔牙的劝告，用最隆重的礼节，请管仲当了齐国的宰相。而鲍叔牙反而成了管仲的助手。两人同心辅政，齐桓公很快成就了霸业，九次大会诸侯，使齐国成了春秋时期五个霸主中最早和最有名的一个。

管仲功成业就，十分感激知心朋友鲍叔牙，逢人便颂扬鲍叔牙的美德。他说：“我起初在困难时，曾和鲍叔牙一起经商，分财利时，我自己多分，鲍叔牙不认为我贪财，因为他知道我贫困。我曾经给鲍叔牙计划事情，可是没有计划好，把事情办糟了，鲍叔牙不认为我愚笨，他知道事情有时顺利有时不顺利。我曾经三次做官，三次被君主赶走，鲍叔牙不认为我品行不好，他知道是我没遇到好时机。公子纠兵败身亡，我被关进囚车受到各种侮辱而我没有自杀，鲍叔牙不认为我没有羞耻心，他知道我不以小节为羞耻，我所耻的是功名不显于天下啊！真是生我的是父母，知我的

是鲍叔牙啊！”

管仲和鲍叔牙共同辅佐齐桓公，为齐国建立了不朽的功业。他俩互相知心知意，团结合作的美德为后人所称颂。

伦常乖舛

伦常[1]乖[2]舛[3]，立[4]见消亡[5]。

注释

1 伦常：指人类相处的伦理道德。伦，人与人之间的关系。

2 乖舛（chuǎn）：指谬误，差错，不顺遂。乖，冲突。舛，错乱。

3 立见（xiàn）：立刻就会现出。立，马上，即刻，形容时间短暂。见，通“现”，出现，显露。

5 消亡：灭亡，消失，衰败。

解读

那些行事规则违背了人类相处的伦理道德的人是不能长久的，并且很快就会败亡。

故事链接

昏庸的商纣王

商朝最后一个君王是商纣王，他十分残暴，而且生性多疑。他本是个很聪明的人，可他却把聪明用在了歪门邪道上，想尽一切办法寻欢作乐和残害忠臣良将。

商纣王继位以后，调集上万名奴隶大兴土木，在朝歌修建了鹿台，在钜桥修建了大仓库，还命人修建了几个游乐园。不仅如此，他还从民间不断选美女入宫。

纣王要从四方诸侯封地中选百名美女的消息让老臣商容得知，商容十分气愤，便去劝谏纣王。可残暴昏庸的纣王不但没有听老臣的话，反而觉得他是自己玩乐的绊脚石，立即命人推出去处斩。商容悲痛不已，临死前老泪纵横地说道："先王让我辅佐纣王，可如今我无能为力，只好去见先王了。"说罢一头撞死在石柱上，鲜血直流，脑浆迸裂。

然而，老臣的死不但没有惊醒纣王，反而更加刺激了他选美女的兴趣。商纣王手下有一个叫费仲的人，此人没有什么才能，却会溜须拍马，深受纣王喜欢。他给纣王献计说："苏护有一个美丽动人、能歌善舞的女儿妲己。"

纣王一听非常高兴，立即下命令，让苏护把女儿妲己送到宫中。苏护知道纣王昏庸无道，女儿一旦入宫，将会断送其一生的幸福，便想出一个主意来。他派人去民间选出了一位绝色佳人。这女子十分漂亮，而且娇媚动人，无奈家境贫寒，父亲为了生存，只好将女儿卖给了苏护。苏护给了女孩家里很多钱财，并让此女更名为妲己。

这位貌美的女子由苏护亲自送到宫中。纣王一见这个冒名的妲己如此娇媚动人，心头大喜，立即重赏苏护，还封妲己为王后。纣王整天陪着妲己寻欢作乐，挖酒池、作肉林，还命一群男女跳入池中胡闹，他想方设法让妲己高兴，根本不理会朝政之事。

商纣王的荒淫无度给百姓带来了无尽的苦难，被压迫的人们忍无可忍起来造反。而纣王一旦把反叛的奴隶捉住，轻则在脸上刻字、割鼻、断足等，重则将人活活砍死，剁成肉酱，还有的烤成肉干，更甚之的是"炮烙之刑"：用大火将铜柱烧得通红，然后让人从柱子上走过去，人一踏上去，脚立即被烧焦，站立不稳，掉在下边的火炕里被活活烧死。而纣王在一旁，边饮酒边与美女寻欢作乐。

有位大臣深明大义，知道奴隶造反是因为无法忍受苦难，是官逼民反。于是冒着生命危险进谏，结果纣王恼怒，派人把他绑在铜柱上活活烧死。从此以后，再也没有人敢进谏了。

商纣王不仅残暴，而且生性多疑。那时候，周围四方诸侯手握重兵，本来这些诸侯没有反抗的意思，纣王却害怕他们起兵反抗，就把他们骗入朝歌囚禁起来。那时姬昌、九侯、鄂侯在所难逃，都被昏君关了起来。

纣王听说九侯有一个漂亮的女儿，貌似天仙，便将她召入宫中。可九侯女性情刚烈，誓死不从。纣王让囚在朝歌的九侯去劝说自己的女儿，只要她女儿从了，便可放他出去。

九侯泪流满面，他又怎么忍心让自己的女儿受这个暴君的折磨呢？纣王一看九侯之女仍不从，一怒之下杀死了她。但他怒气未消，认为是九侯没有好好规劝自己的女儿，也想把九侯杀掉。鄂侯跪地为九侯求情，结果二人却被一起剁成了肉酱。后来，纣王让人将九侯、鄂侯的肉酱做成肉汤让姬昌喝。

姬昌吓了一大跳，禁不住泪流不止，他为自己的好朋友如此惨死而难过。姬昌深知自己的处境危险，为了保全自己的性命，他每日弹琴看书，言谈之中流露出效忠纣王的意思，纣王听了很高兴，因此没有杀掉他。

姬昌有两个儿子。大儿子伯邑考，次子姬发。哥儿俩商量，最后决定伯邑考去救父亲，谁知刚到朝歌便被纣王捉住，剁成肉酱，并做成肉汤，送给姬昌。

姬昌接过肉汤，如五雷轰顶，但他很快冷静了下来。姬昌把肉汤一饮而尽，心里暗暗咒骂这个无道的暴君，嘴里却说："感谢纣王替我处死了这个不孝之子！"

纣王听了心里很高兴。伯邑考被杀，弟弟姬发悲痛不已，他决心去救父亲。姬发十分聪明，他知道如果像哥哥那样，必然会白白送死。既然纣王喜爱财色，不如多送些宝物和美女。姬发把财宝分成两份，一份送给纣王，另一份送给纣王宠臣费仲，然后自己再去求情，请求纣王放回姬昌。

纣王得到了大量财宝和美女，十分高兴，但是对放不放姬昌的事，仍然有些犹豫不决，便把费仲召来商议此事。费仲拿了姬发的财宝，自然为对方说话。

费仲说："姬昌为人忠厚，被囚在起来仍然没有怨言，对您十分效忠，您把他的长子伯邑考杀了做成肉汤，他一饮而尽，可见他对您是多么忠诚啊！"

纣王听后，终于决定放了姬昌。但令纣王没有想到的是，正是忍辱负重的姬昌和他的儿子姬发，后来推翻了商朝的天下。

商纣王的残暴在历史上是出了名的，他非常贪恋美色，并且残害忠臣良将，手段极其残忍。商纣王的荒淫无度给百姓带来了无尽的苦难，这样的暴君，留给后人的，只能是千古骂名。

卫懿公好鹤失国

卫懿公是卫惠公的儿子，名赤，世称公子赤。他爱好养鹤，如痴如迷，却忘了自己的职责是治国。在卫国，不论是苑囿还是宫庭，到处有丹顶白胸的仙鹤昂首阔步。许多人投其所好，纷纷进献仙鹤，以求重赏。

卫懿公把鹤编队起名，由专人训练它们和着音乐鸣叫、舞蹈。他还把鹤封有品位，供给俸禄，上等的供给与大夫一样的俸粮，养鹤、训鹤的人也均加官进爵。

每逢出游，其鹤也分班随从，前呼后拥，有的鹤还乘有豪华的轿子、马车。为了养鹤，每年耗费大量资财，为此向老百姓加派粮款，民众饥寒交迫，怨声载道。

鹤色洁形清，能鸣善舞，确实是一种高雅的禽类，卫懿公喜欢高贵典雅的仙鹤，本来无可厚非。但因此而荒废朝政，不问民情，横征暴敛，就难免要遭来灾祸。

公元前660年冬，北狄人聚两万骑兵向南进犯，直逼朝歌。卫懿公正欲载鹤出游，听到敌军压境的消息，惊恐万状，急忙下令招兵抵抗。老百姓纷纷躲藏起来，不肯充军。

众大臣说："君主启用一种东西，就足以抵御狄兵了，哪里用得着我们！"

懿公问“什么东西？”

众人齐声说：“鹤。”

懿公说：“鹤怎么能打仗御敌呢？”

众人说：“鹤既然不能打仗，没有什么用处，为什么君主给鹤加封供俸，而不顾老百姓死活呢？”

懿公悔恨交加，说：“我知道自己的错了。”随后命令把鹤都赶散。

朝中大臣们这才分头到老百姓中间讲述懿公悔过之意，招来一些兵将。懿公把玉玦交给大夫石祁子，委托他与大夫宁速守城，懿公亲自披挂带领将士北上迎战，发誓不战胜狄人，决不回朝歌城。

但毕竟军心不齐，缺乏战斗力，到了荧泽又中了北狄的埋伏，很快就全军覆没，卫懿公被砍成肉泥。狄人攻占了朝歌城，石祁子等人护着公子申向东逃到漕邑，立公子申为卫戴公。

朝歌自武王伐纣封其弟康叔为卫公时起，一直是卫国国都，至卫懿公共经历14代君主。这期间在各诸侯国中，卫国属于实力较强疆土较广的大国。这样一个国家，终因懿公好鹤而毁于一旦。

兄弟叔侄

兄弟叔侄，须分多[1]润[2]寡[3]。

注释

1. 分多：指从多的里边分出一部分，即把多的减少。
2. 润：本意为修饰，这里理解成增添的意思。
3. 寡（guǎ）：少，缺少，这里指贫穷的人。

解读

在兄弟叔侄之间，要懂得互相帮助的道理，富有一些的人要去资助相对贫穷一些的人。

故事链接

姜肱与兄弟友爱

汉朝的时候，有个人姓姜名肱。他有两个弟弟，一个叫姜仲海，另一个叫姜季江。他们兄弟三人非常的友爱，情同手足。兄弟三人天天在一起读书，下课又一起温习功课、玩耍，还一起帮家里做家务事。三个兄弟还缝了一床大棉被每天都睡在一起。

姜肱三兄弟长大之后感情依旧非常的好，好到有时还三个人睡一块。

有一次姜肱跟他的弟弟一同去京城，结果半夜路遇强盗。月光下，强盗面目狰狞，手里的匕首泛出幽幽寒光，看了直叫人打颤。强盗嚣张地晃着寒光闪闪的匕首一步步逼近抱在一起的两兄弟。

突然，哥哥推开弟弟，抢上前一步说：“我弟弟还小，我是做哥哥的，我可以牺牲，我要挽救我的弟弟，希望你们放他一条生路。”

这时，后面的弟弟也走上前来说道：“不！你不可以伤害我哥哥。哥哥学问、品德很好，是家里的珍宝，是国家的栋梁，我年纪小，能力差，不及长兄，还是杀我吧！”

兄弟俩都争着让对方活着，想到兄弟就要生离死别，俩人不禁抱在一起，痛哭流涕。盗贼也不是铁石心肠，也是因饥寒才起盗心。他深深地被兄弟俩的手足情感动了，说道：“我今天终于见到什么叫亲情了。”于是把他们兄弟两人都放了。

王祥和王览兄友弟恭

王祥，是晋代琅琊人。他小时，性情温厚，孝敬父母。母亲死后，继母朱氏对他很不好，多次向他父亲说他的坏话，因此他父亲也不喜欢他，让他干又脏又累的活，但他毫无怨言，更加小心，不惹父亲生气。

王览，是王祥继母生的弟弟，性情爽直，很懂事儿。四五岁时，看见王祥挨打挨骂，他就抱着母亲流泪。到了七八岁，他经常劝阻母亲不要虐待王祥。

王览和王祥很友爱，经常在一起，王祥也很喜欢他。有时母亲无理地支使王祥干力所不及的重活，他就和哥哥一起去干，这样使母亲停止对王祥的无理支使。

父亲死后，王祥在乡里稍稍有点名气了。这又遭到继母的忌妒。她暗自把毒药放到酒里，想毒死王祥。王览在暗中看出毛病，赶紧到哥哥房中夺回毒酒。

这时王祥也看出酒有问题，怕弟弟抢去喝了中毒，于是弟兄俩抢起酒来。继母听到争吵声，赶紧跑来把酒夺回去倒掉。从此以后，每逢吃饭，王览就和哥哥一起吃，朱氏再也不敢在食物中放毒了。

继母死后，徐州刺史吕虔聘请王祥去当别驾。王祥不愿意离开弟弟，想不去就职，王览极力劝哥哥去，并亲自为哥哥打点行装，亲自赶着牛车送哥哥去徐州上任。

后来，王祥政绩清明，得到百姓的赞扬。王览也得到皇帝的嘉奖，并起用为宗正卿。弟兄俩始终亲密友爱，为当时人所称颂。

长幼内外

长幼[1]内外[2]，宜法[3]肃[4]辞[5]严[6]。

注释

1 长幼：指长辈与晚辈。长，长辈。幼，年纪小，指晚辈。

2 内外：指男人和女人。内，妻子，指女人。外，丈夫，指男人。

3 法肃：指家法严肃。法，家法，家教。肃，严正，认真。

4 辞严：指言辞严厉，严肃。辞，话语，言辞。严，严厉，庄重。

解读

在一个家庭中，长辈与晚辈之间、男人与女人之间家法一定要严肃，讲话一定要庄重，要懂得礼仪的重要性。

故事链接

孔子的教育

一天，孔子带着弟子子路去周代祖庙参观，看到一个制造得很巧妙的陶器，就问看庙的人，说：“这叫什么陶器呀？”

看庙的人回答说：“这大概就是‘座右铭器’吧。”

孔子说："我听说过，这个被名为'座右铭器'的陶器，装满水，它就翻倒，空着，它又歪在那里，只有把水装得正好，它才立着，有这种说法吗？"

看庙的人回答说："是的，正像你说的那样。"

为了弄清真相，孔子叫子路取水来试试。子路取水来试了一下，果然是那样：装满水，它就歪倒在地上；空着，不装水，它就躺在那里，立不起来；只有装得适中，不多不少，它才直立起来。实验完了，孔子长叹一声，说："唉！哪有满了不倒的呢！"

子路看明白了这个"座右铭器"，又问孔子说："老师，您说要保持不倒，有办法吗？"

孔子回答说："保持不倒的好办法，就是要抑制、减少水，让它不满，它才不倒。"

子路又问："要怎样抑制减少呢？"

孔子回答说："德高望重的人，就要谦虚恭敬有礼貌；拥有大量财产的人，就要勤俭节约，不奢侈；官愈大俸禄愈多的人，就要愈保持有所畏惧的态度；见多识广的人，就要保持浅薄无知的样子，倾听别人的意见。能这样做，我想就可以抑制减少'满'的倾覆了。"

孔子以物喻人，指出抑制自满的办法，就是要谦虚，以礼待人。孔子不但这样去教育学生，而且为人师表，亲自去实践。

有一次，孔子问子贡说："你与颜回比较起来，谁好？"

子贡回答说："我怎么敢比颜回！颜回听到一点，就懂得十点；而我听到一点，只能懂得两点。"

孔子说："不如颜回啊，我和你都不如颜回啊！"

"三人行，必有我师焉"，孔子的这句至理名言，就是孔子谦虚精神的自我写照。

颜回煮粥

颜回，春秋末年鲁国人，字子渊，一作颜渊。他天资聪颖，贫而好学，是孔子最好的学生，他以跟孔子学习为最大的快乐。颜回随孔子周游列国，在去陈国和蔡国的路上被困住了，一连七天没吃上一口饭，大家饿得都受不了了。

孔子只好白天躺着睡觉，借以忘却饥饿。颜回见老师饿得渐渐消瘦下去，皮包骨头，心里十分忧伤。他想，我这样的年轻人或许还能熬上一些时光，而老师上了年纪，怎能经得起饥饿的折磨呢？万一路上有个三长两短可怎么办呢？

他决定想办法去弄点吃的来。他没想出什么好办法，只好去向人乞讨。他看见一位老婆婆，就向她求助。这一次真巧，好心肠的老婆婆居然给了他一些白米。颜回高高兴兴地把米拿回来。心想，这回老师可以吃上一顿饱饭了。他连忙把米倒在锅里，砍柴生火，不一会把饭做熟了。

这时，老师也正好睡醒，突然闻到了一阵扑鼻的饭香。他十分奇怪，哪儿来的饭香呢？他连忙起身出来探望。没想到，刚一跨出房门，看见颜回正从锅里抓一把米饭往嘴里送。

老师既高兴又生气，高兴的是终于有饭吃了，生气的是学生怎能这般无礼，老师还没动口吃，他却抢先一个人吃了起来，这成何体统？过了一会儿，颜回端了一碗热腾腾、香喷喷的白饭送到孔子面前，说道：“今天幸好遇到一位热心肠的老婆婆，送给我们一些白米，现在饭已做好了，请老师先吃吧！”

孔子很不高兴，一下子站了起来，说道：“刚才我睡觉时做了一个梦，梦到去世的父亲，让我先用这碗洁白的米饭去祭奠他老人家。”

颜回一听，忙夺下那碗饭，连连说道：“不可，不可！这米饭不干净，不能用来祭奠！”

孔子故作不解地问：“你为什么说这饭不干净呢？”

颜回答道：“方才煮饭时，不小心将一块炭灰掉在饭上面，我感到为难，倒掉吧，太可惜了，不倒掉吧，又不能把弄脏了的饭给老师吃呀！后来，我自己把沾了炭灰的米饭抓来吃了。所以，这掉过炭灰的饭是不能用来祭奠的。”

孔子听后，恍然大悟。他激动地拉着颜回的手说：“颜回呀！你真是一位贤德的人啊！方才我真糊涂啊！”

听妇言

听妇言[1]，乖骨肉[2]，岂[3]是丈夫[4]？

注释

① 妇言：妇人的唆使和挑拨。言，话，言语，这里特指怨言、谤言。

② 乖骨肉：离间骨肉感情，使之发生矛盾冲突。

③ 岂（qǐ）：哪里，如何，怎么。

④ 丈夫：大丈夫，指有志气、有节操、有作为的男子。

解读

作为一个男人，如果轻易就听信了妇人不好的言语挑拨，那么，他就会因而伤及了骨肉之情。这样的话，他怎么还能够配做一个大丈夫呢？一个真正的大丈夫，他是能够判断出事情的是非的。

故事链接

车夫的妻子

一天，晏子坐着马车外出。一位车夫为他赶车。车夫的妻子从来没见过晏子，很想看看。她就从门缝中偷偷地观看："呵，晏子出来了！"

她得到的印象是:晏子身为齐国相国，但是言谈举止显得非常谦虚。

可是，自己的丈夫呢？他坐在车上的大伞下为晏子驾驭马车，却趾高气扬，不可一世。妻子看了十分羞愧。

车夫一进家门，妻子就提出要和他离婚。车夫一时莫名其妙，摸不着头脑，便生气地问："要离婚？你的理由是什么？"

妻子回答："晏子虽然身高没有六尺，但是他胸怀大志，满腹经纶。他身为相国，外出时，对人总是彬彬有礼，十分谦虚谨慎。你呢？身高足有八尺，可是你忘了，你不过是个车夫而已，却在相国身旁神气十足，自以为是，挥鞭催马，得意忘形。你这样不知谦逊，我不能再和你生活下去了。"

车夫听了妻子的话，觉得很惭愧。从此，他做事小心谨慎，待人谦逊。晏子看到车夫变化很大，不知为什么，就询问车夫。车夫把妻子对自己的批评一五一十地告诉了晏子。晏子听了，感叹不已。后来，晏子推荐这位车夫出任大夫。

王藻悔改

宋时，潼州有个管监狱的小官，名叫王藻。他每日回家，必带回不少钱。其妻怀疑他是在百姓打官司时贪污受贿得来的。为了证实怀疑是否有根据，其妻就想出一个办法来。

有一天，妻子派丫鬟给丈夫送去10只猪蹄吃。晚上王藻回到家里，妻子问："今天我叫丫鬟给你送去13只猪蹄，你都吃了吗？"

"不对呀，"丈夫吃惊地说，"只给我送去10只猪蹄呀！"

"怎么会这样！"妻子说，"你只收到10只？那定是丫鬟吃了！"

王藻勃然大怒，立即将丫鬟叫来，骂道："大胆奴才，你主母让你送13只猪蹄，你竟敢偷吃三只猪蹄！这还了得！"

"的确是10只呀！"丫鬟分辩道，"奴才怎敢偷吃主人的猪蹄！"

“你这奴才，还敢当面抵赖！”王藻一听更火了，拿起鞭子对丫鬟一阵抽打。

丫鬟起初不承认，到后来实在受不住了，只得承认偷吃了三只猪蹄，求主人饶恕。

王藻冷笑道：“你这奴才，不打是不会招的！”说罢，还得意地将鞭子扬了扬。

这时，妻子从里屋出来，含泪将丫鬟扶了起来，抱在自己怀中，叹了口 气说：“夫君，丫鬟冤枉了。我确实只送去10只猪蹄。”

“什么？”王藻怔住了，“你这是在玩什么把戏？”

妻子含着泪说：“每日见你带回不少钱，我怀疑你是在贪污受贿。是你们将对犯人严刑逼供、屈打成招弄来的钱贪污了。今天这个事就是个例子。从今后，我再不愿看到你带回来的那些昧心钱！”

听了妻子一番话，王藻十分感动，急忙把鞭子一扔，上前拉着妻子的手说：“贤妻，多亏你指点。我们还是去种田吧，监狱的事我不干了。”说罢便和妻子一起将丫鬟扶了起来。

夫妻商量后，将贪污来的钱分给了穷人，带着全家和丫鬟，隐居到很远的农村了。

重资财

重[1]资财[2]，薄[3]父母，不成人子。

注释

①重：认为重要而认真对待。这里是重视，看重的意思。
②资财：这里指钱财与物资。资，资源、资产、物资。
③薄（bó）：刻薄，冷淡，不热情，这里是轻视的意思。

解读

太看重钱财，而薄待、冷淡了父母，不是为人子女的应该去做的事情，这也是不孝顺父母的表现。

故事链接

曾参克尽孝道

曾参，字子与，又称曾子。曾参出身贫寒，一生经历坎坷，但终生讲求修身养性，主张“日三省身”。曾子以孝出名，他不仅行为上恪守孝道，而且还有一套理论主张。他把孝分为三种：大孝尊亲，其次弗辱，其下能养。

曾子在孔子门下受业学习多年，已学有所成。那时，他家境贫寒，为了养活父母，他在离家很近的莒国出仕做小吏。虽然俸禄只有几斗米，但是他仍然十分欢喜，因为能用自己所得供养双亲。后来，他成了大名士，双亲也老了，他就不再外出谋官。

当时，各国聘请他做相国，楚国委任他为令尹，晋国请他做上卿，都被他拒绝了。父母亡故之后，曾子游历到楚国，做了大官，出门百乘相随，大队仪仗呼拥，高官厚禄十分显赫。

可曾子并不高兴。他常常面北哭泣，因为在他看来，官再高，禄再丰，父母已经亡故，无法再奉养双亲了。父母没能过上荣华富贵的日子，太可怜了。

曾子孝敬双亲，甚至到了愚孝的程度。有一天，曾子到他父亲的瓜地里去锄草。一不小心，把瓜苗锄掉了好几棵。曾子好心疼，自责自己的粗心。这时，正赶上他父亲拄着棍子来薅草，一看见曾子把瓜苗锄掉好几棵，气不打一处来，没问青红皂白，举起大棍，照着曾子的脑袋打来。

本来，曾子稍一侧身，棍子就不会落在他的头上。但曾子想，自己错了，让父亲打几下消消气，就没有躲闪，仍立在原地。因父亲用力过猛，曾子被打倒在地，不省人事了。这下子可吓坏了父亲，后悔自己出手太重。老人连呼带叫，揉了半天，曾子才苏醒过来。

为了不使父亲为自己担忧，曾子赶紧爬起，好像没挨过打似地向父亲赔不是。并走进瓜棚，拿过琴来弹给父亲听，让父亲消气。曾子不仅对父亲如此，就是对后母也是十分孝敬，甚至休了妻子以敬后母。曾子的后母对他十分刻薄，一点恩义也没有，但曾子毫无怨言，像对父亲那样，孝顺备至。

有一次，他让妻子为母亲做藜羹，他的妻子一时粗心，没蒸熟就端了上去。曾子知道后，大为恼火，立刻写了休书，将妻子撵出门去。知情人都认为太过分了，责问他说：“妇人犯了七出之条，才能休掉；藜羹不熟，这样的区区小事，你为什么要因此休妻呢？”

曾子说："藜羹确实是件小事，但我叫她煮熟奉母，她竟然不听我的话。这样的人，如何可以留下她呢？"然而曾子毕竟疼爱自己的妻子，为了珍惜夫妻感情，终身没有再娶。

殷不害雪夜寻母

殷不害是陈郡长平人。他的祖父和父亲都曾经在朝廷做过官。殷不害从小时候起就非常孝顺，在家乡邻里之间十分有名。

殷不害家里世世代代都很勤俭，生活却很清贫。不害有五个年幼的弟弟，母亲身体多病，他侍奉母亲、供养弟弟，勤勤恳恳，关心备至，母子、兄弟之间，和睦融洽，生活虽是清苦，却也欢欢乐乐。

殷不害到17岁的时候，朝廷征召他去做官；为官后，在政事上显示了他非凡的才能。同时，他对儒家学说也有很高的修养。

殷不害对国事十分关心，国家的刑名法度如果有不符合国情的地方，他就直言上谏，提出自己的建议。由于他的建议是来自实际调查，十分合理，因此，大部分都被采纳了。

因为政绩突出，后来他被调任辅佐太子；太子登上皇位后，更加信任他。鉴于他能行孝道，皇上还赐给他母亲很多生活用品。

后来，因为有一个叫侯景的作乱，到处烧杀抢掠。殷不害的母亲在逃难途中冻饿不堪，最后死在荒野中的山沟里。

当时，正值隆冬时节，大雪纷纷，天寒地冻，他不知道母亲究竟在什么地方。他披星戴月，到处寻找。凡是发现山沟里有尸体，就不顾一切地跳下去，抱起尸体仔细察看。就这样，他找了七天七夜，最终发现了母亲的尸体。他十分悲痛地伏在母亲的尸体上失声大哭，晕过去好多次。

过路的人看见他的样子，很受感动，把他救醒，婉言劝慰，帮他把母

亲的尸体护送回家，妥善安葬。

事后，他很想念母亲，常常痛哭而不能控制，饮食不进，身体渐衰。不久，他就辞官回家了。

嫁女择佳婿

嫁女择[1]佳婿[2]，毋索[3]重聘[4]。

注释

❶择：挑拣，挑选，选取，择取的意思。

❷婿（xù）：女儿、妹妹及其他晚辈的丈夫，这里指女儿的丈夫。

❸索：索要，讨取，寻求，索求。

❹重聘（pìn）：订婚的礼物叫聘金，大量的聘金叫重聘。

解读

父母在嫁女儿时，要为她选择一位贤良的夫婿，才德兼备的夫婿是让人感到高兴的，同时，也不要索取贵重的聘礼。

故事链接

郑板桥嫁女

郑板桥当年在山东潍县任知县之时，女儿小娟，花容月貌，贤惠孝顺，真乃仙女下凡。求亲说媒的络绎不绝，既有官宦门第的少爷，也有富豪人家的公子，板桥先生却看不上这些纨绔子弟，偏偏把女儿许给家住南门外陆家庄、只有母子相依为命的农家儿子陆林。

妻子饶氏说："你现在都是县太爷了，把个如花似玉的女儿嫁给一个种田的农民，门不当户不对啊。"

郑板桥哈哈大笑说："他家是种田的，我家也是种田的，正是门当户对！我看陆林为人忠厚，喜爱学习，将来定有出息，把女儿嫁给他，我放心。"

这也罢了，这个怪人，连嫁女儿这样的头等大事也和别人不同。小娟出嫁这天，前来看热闹的左邻右舍，没有看到像样的花轿，只见他的女婿赶着一辆牛车前来迎娶新娘。郑板桥给女儿的嫁妆，也只是一个竹编的小箩筐。箩筐中装的只有针和线。

郑板桥当着众乡亲无限深情地对女儿说："父亲送你的这些陪嫁之物，是郑家珍贵的传世家宝。你将这些郑家的传世家宝带到夫家，一定要手脚勤快，针线不丢，自食其力。"

在把女儿扶上牛车时，郑板桥又叮嘱道："以后你和陆林恩恩爱爱相处，孝孝顺顺照顾母亲，勤勤劳劳过日子吧。"

饶氏怕人家笑话，急得直跳脚。郑板桥笑着说："孩子她妈，别看我现在是堂堂县官，若把乌纱帽一取，不也是普普通通的老百姓吗？何必要讲那么多虚荣。你想想，陆家也不宽裕，要是摆阔气，讲排场，大操大办一番，再要那么多彩礼，往后小两口该怎么过日子？"

他又劝道："有陪嫁的嫁妆呀，一幅《兰竹图》，上面还有老夫的题画诗：罢官囊空两袖寒，聊凭卖画佐朝餐。最惭吴隐奁钱薄，赠尔春风几笔兰。"

郑板桥就是这样简简单单地把女儿嫁了出去。

李晟教女孝公婆

李晟是唐朝的一个大官，官至太尉、中书令。他有个女儿，嫁给一个姓崔的官员，按当时的习惯家人都称她为崔氏。

一次李晟过生日，大清早，崔氏就赶回家来为父亲祝寿。酒宴刚刚开始，一杯酒还没喝完，崔家的一个使女就急匆匆地走了进来，凑在崔氏的身边耳语了一阵。崔氏听完微皱眉头，寻思了一会，挥了挥手，使女便风风火火地走了。

酒宴继续进行，众人酒兴正浓的时候，那使女又急急忙忙地转回来，向崔氏嘀咕了好一阵，好像很为难。崔氏很不耐烦地又把使女打发走了。

李晟是个细心的人，他在高高兴兴接受客人和晚辈敬酒的时候，观察到了女儿这边的动静。找了一个机会，他把女儿招呼到自己的身边，轻声地问："怎么，家里有什么事吧？"

"没什么，大家在给您祝寿，爹爹就不要分心了。"崔氏摇了摇头，毫不介意地说。

"不要瞒爹爹了，你家里一定有什么事，快跟我说来！"

"我的婆母昨天夜里犯了病，今天还有些不舒服。女儿怕扫大家的酒兴，再说婆母的病也不太重，就没有回去，已打发下边的人去服侍了，若有什么情况会及时告诉我的……"崔氏如实地回着话，语气还是那样淡淡的。

看到女儿这样漫不经心地对待婆婆，李晟很生气，就严肃地说："你作为人家的儿媳妇，婆母闹病，你怎么能不去服侍照料，却跑来为我过生日呢！"

"您过生日，女儿不在也是不孝敬啊！况且满朝文武都在，女儿于席间离开，也不礼貌啊！"女儿委屈地辩解道。

"在家敬父母，出嫁孝公婆。祝寿和伺候病人哪个更急啊？你听说婆母生病便急忙离去，客人只会夸李家的女儿有教养。相反，不回去别人倒会说闲话，因为爸爸的官职高啊！"说完，便让家人备车，送女儿回家，去照料婆母。

崔氏走后，李晟想到女儿刚才的态度与自己过去教育不够有关，心里很不安。酒宴一撤，李晟便急忙赶到女儿家，问候亲家的病情，并且为女儿今天的失礼，再三表示歉意。

亲家母被感动得流下热泪，因儿媳失礼而生的怨气，一下子全消失了。李晟严格地要求自己，教育女儿孝敬公婆，受到满朝文武的称赞。

娶媳求淑女

娶媳[1]求淑女[2]，勿计[3]厚奁[4]。

注释

①媳：子、弟及其他晚辈的妻子、媳妇。

②淑女：指贤良美好的女子。淑，善，美，多指女性。

③计：算计，盘算，谋划。

④厚奁（lián）：丰厚的嫁妆。奁，嫁妆，旧时为嫁女而置备的衣物、用具。

解读

在娶媳妇时，应该要寻求贤良美好的女子，拥有良好的品德修养是令人赞叹的，但是却不要去贪图那些丰厚的嫁妆。

故事链接

郑板桥将计就计

郑板桥做知县的时候，碰到了一桩婚姻案。原来衙门里有个小官吏叫藤八百，从小把女儿许给了一户人家。后来那户人家父母双亡，家境渐落，藤八百见女婿家穷，就想悔婚，怎奈女儿和女婿互相爱慕，都不同意。

藤八百想让郑板桥替自己作主，逼那穷女婿把婚约退掉，便送了一千两银子给郑板桥的妻子。请她帮忙说情。郑板桥回家以后，妻子便告诉了他事情的来龙去脉和前因后果。

郑板桥起初很生气，不但责备了妻子几句，还想立即把藤八百叫来严加训斥，但当他得知藤八百那个穷女婿原来就是自己新近结识的青年才子韩梦周时，他皱了皱眉头，高高兴兴地把一千两银子收下了。

郑板桥把藤八百找来，对他说；“你就放心吧，这件事保管你趁心如意。本来嘛，富家的女儿当然要找一个富裕的丈夫了。我既然收了你的银子，自然要给你帮忙啊！俗话说得好，无功不受禄嘛！为了抬高你女儿的身价，将来找个乘龙快婿，我想收她做我的干女儿，不知道你意下如何？”

藤八百没想到女儿能攀上知县做干爹，自然是求之不得的事，连连称谢。郑板桥让藤八百尽快把女儿带进府来，他要尽早见到干女儿。藤八百兴高采烈地去了。

郑板桥找来韩梦周，问他的婚姻大事。韩梦周如实说了一遍，并表达了自己和姣红姑娘的爱情。郑板桥让韩梦周在府中住几天，他想办法让他们再结良缘。

过了三天，藤八百满心欢喜地把女儿带来了。郑板桥一看姣红姑娘长得真是沉鱼落雁，闭月羞花，便笑着对她说；“从今以后，你就是我的干女儿，你可得听我的话。”

姣红姑娘早就听说郑板桥作诗、画竹是当时一绝，审官司判案公正无私，深受百姓爱戴。这次不知知县大人为什么要拆散她和韩公子的婚姻。但当着父亲的面又不好问，便红着脸点了点头。藤八百自然笑得合不拢嘴。

郑板桥对藤八百和姣红姑娘说：“我想给干女儿找一位公子。这位公子才貌双全，前途光明，是我的忘年朋友。不知你们意下如何？”

藤八百心想，郑大人的朋友自然不会有错，便连声说道：“任凭大人安排！只是不知这位公子姓甚名谁，现在何处？”

郑板桥于是笑着说：“他现在就在府上。”说着，就命人请出韩梦周来。

藤八百一看．原来就是自己要退婚的那个穷女婿，顿时叫了起来：“郑大人，这怎么使得？”

姣红姑娘起初听说干爹要做主把自己许配他人，心中有点不大乐意，及至看见是韩梦周，始知郑大人一番心意，禁不住从内心深处感激郑板桥。

郑板桥笑着对藤八百说：“这个女婿，人长得十分英俊，又很有才华，虽说缺几个钱，但我已经把你送我的1000两银子转送给了他。这样，

他也算是有钱了！”

他见藤八百尚有勉强的意思，又说：“这个姑娘是你女儿，也是我的干女儿，我也有权作主为她寻找婆家吧？”

藤八百无话可说，只好听任郑板桥把自己的女儿嫁给了韩梦周。

长孙皇后与唐太宗

长孙皇后是隋朝骁卫将军长孙晟的女儿，13岁时嫁给李世民。李世民继位后，长孙氏成了皇后。但长孙氏并不因之而骄矜自傲，她一如既往地保持着贤良恭俭的美德。

对于年老赋闲的太上皇李渊，长孙皇后十分恭敬而细致地侍奉，每天早晚必去请安，时时提醒太上皇身旁的宫女，怎样调节他的生活起居，像

一个普通的儿媳那样尽着自己的孝道。

长孙皇后凭着自己的端庄品性，无言地影响和感化整个后宫，唐太宗对她十分看重。唐太宗常与长孙皇后谈论军国大事，长孙皇后却认为男女有别，应各司其职，她说："母鸡司晨，终非正道，妇人预闻政事，亦为不祥。"

唐太宗却坚持要听听她的看法。长孙皇后拗不过了，就说出了自己经过深思熟虑而得出的见解："居安思危，任贤纳谏而已，其他的臣妾就不了解了。"

她提出的是原则，而不愿用细枝末节的建议来束缚皇帝，她十分相信李世民手下那批谋臣贤士的能力。自此以后，李世民牢牢地记住了"居安思危"与"任贤纳谏"这两句话。

当天下已经基本太平的时候，很多武将渐渐开始疏于练武了，于是，唐太宗就时常在公务之暇，招集武官们演习射技。这种演习，名为消遣，实际上是为了督促武官勤练武艺，并以演习成绩作为他们升迁及奖赏的重要参考。

长孙皇后以她贤淑的品性和无私的行为，不仅赢得了唐太宗及宫内外的敬仰，而且为后世树立了贤妻良后的典范。公元636年，长孙皇后崩逝于太极宫立政殿，终年36岁。

太宗悲伤不已，遵从皇后遗愿，营山为陵，是为昭陵。纵观长孙皇后的一生，她与太宗从少年结发，一起互相扶持，走过了二十三载。于情伉俪情深，于政相辅相成，简直是"一与之齐，终身不改"。

见富贵而生谄容者

见富贵[1]而生谄容[2]者，最可耻[3]。

注释

[1] 富贵：富裕而又有显贵的地位。这里指身份显贵的人。

[2] 谄（chǎn）容：逢迎讨好的言语和表情，俗称“拍马屁”。谄，奉承，巴结

[3] 可耻：应该感到羞耻。耻，羞愧，耻辱。

解读

如果看到了富贵的人，便做出巴结讨好的样子，这种行为是最让人感到可耻的，同时也会让人觉得这个人十分不堪。

故事链接

子路的忏悔

孔子带领弟子周游到陈国，陈国君主对孔子师徒很尊敬，但又不委以重任。他们滞留在陈国，除了读书，便没有什么事情可以干了。

一天午后，子路和巫马期一起到野外去打柴，正好碰见陈国的大富翁处师氏带着百多辆华美的车子，在草地上面畅饮。

子路对巫马期说：“如果叫你不忘记你的知识，也不再进一步发展你

的能力，得到这样的财富，终身也不再见老师，你愿意吗？”

听到这话，巫马期突然长叹一声，一下子把柴刀扔在地上，怒视子路，说道：“我曾经听老师说过：‘勇士不能丧失精神，仁人志士不能见利忘义。’你是不了解我，还是想试探我？难道这就是你的志向吗？”

子路听了感到很惭愧，所以背着柴火先回去了。子路回来后，惭愧地把事情向孔子说了一遍。孔子见子路内疚的样子，没有说话，转身拿过琴弹了起来。琴声先是舒缓悠扬，渐渐地慷慨激昂起来。

一曲弹罢，孔子轻轻地说：“你羡慕那荣华富贵，难道我的理想不能实现吗？”他像是问子路，也像是在问自己。这时子路已经惭愧得无地自容，垂手恭立在孔子身边，对孔子说：“子路愧对老师，愧对巫马期。”

陶渊明不为五斗米折腰

东晋后期的大诗人陶渊明，是名人之后，他的曾祖父是赫赫有名的东晋大司马。年轻时的陶渊明本有“大济于苍生”之志，可是，在国家濒临崩溃的动乱年月里，陶渊明的一腔抱负根本无法实现。加之他性格耿直，清明廉正，不愿卑躬屈膝攀附权贵，因而和污浊黑暗的现实社会发生了尖锐的矛盾，产生了格格不入的感情。

陶渊明最初做过州里的小官，可由于看不惯官场上的那一套恶劣作风，不久便辞职回家了。后来，为了生活他还陆续做过一些地位不高的官职，过着时隐时仕的生活。

陶渊明最后一次做官，是义熙元年。那一年，已经41岁的陶渊明在朋友的劝说下，再次出任彭泽县令。有一次，州里派督邮来了解情况。有人告诉陶渊明说：“那是上面派下来的人，应当穿戴整齐、恭恭敬敬地去迎接。”

陶渊明听后长长叹了一口气："我不愿为了小小县令的五斗薪俸，就低声下气去向这些家伙献殷勤。"说完，就辞掉官职，回家去了。

陶渊明当彭泽县令，不过80多天。他这次弃职而去，便永远脱离了官场。此后，他一面读书为文，一面参加农业劳动。后来由于农田不断受灾，房屋又被火烧，家境越来越恶化。但他始终不愿再为官受禄，甚至连江州刺使送来的米和肉也坚拒不受。朝廷曾征召他任著作郎，也被他拒绝了。

陶渊明是在贫病交加中离开人世的。他原本可以活得舒适些，至少衣食不愁，但那要以付出人格和气节为代价。陶渊明因"不为五斗米折腰"，而获得了心灵的自由，获得了人格的尊严，写出了流传百世的诗文。在为后人留下宝贵文学财富的同时，也留下了弥足珍贵的精神财富。他因"不为五斗米折腰"的高风亮节，成为中国后代有志之士的楷模。

遇贫穷而作骄态者

遇贫穷而作[1]骄[2]态[3]者，贱[4]莫甚[5]。

注释

❶ 作：干出，做出，表现出，制造出。

❷ 骄态：骄傲自满的样子。骄，自高自大，不服从。

❸ 贱：地位低下，人格卑鄙。这里指人格上的鄙贱。

❹ 莫甚：莫过于此。莫，没有，无。甚，超过。

解读

当遇到了贫穷的人时，你应该想到如何去帮助他，而不是表现出骄傲的态度，这种行为是让人感觉再鄙贱不过的事情了。

故事链接

石勒不记布衣之仇

石勒是十六国时期后赵的第一任君王。当初，石勒家里很穷，替人耕田。武乡一带兴种麻织布，收获后，麻秆要放在沤麻池里沤。沤过的麻秆，容易剥离，且又十分柔软。

邻居李阳与石勒同使一个麻池，二人都很年轻，常常为了沤麻的事发生口角，以至相互殴打。每次都是鼻青眼肿，遍身泥水。乡亲们对他们也无可奈何。

后来，石勒被抓了壮丁，从此杳无音信。石勒走后，李阳反倒常常去照顾他年老的父母，抢累活、脏活干，可以说无微不至。

有一天，有人来告诉李阳，说：“石勒已经当上赵国君王，都在襄国建都了，还要请当年的父老乡亲到襄国去叙旧呢！”后来又说：“石勒已经派人来了！”

李阳听了，吃惊非小。想起当年的事，惴惴不安。心想：这回可完了，赶快逃跑吧！又一想：跑到哪儿也逃不出君王的手掌心啊！不如看看风声再说。就跟随着乡亲们去襄国了。

到了襄国，李阳徘徊在赵王宫殿前，不敢进去。乡亲们也为他捏了一把汗。石勒见了乡亲，嘘寒问暖，十分亲热。

当问到李阳时，乡亲们吞吞吐吐地说：“他有心事，不敢进殿！”

石勒听了，哈哈大笑，道：“李阳是个好人，理应请到。至于当年，属于孩儿们之间的区区小事，早已化为乌有了。你们想，一国之君怎能如此心地狭窄，容不得人？连李阳都能不计前嫌，精心照顾我年老的父母，难道我连他都不如吗？”

石勒连忙召见李阳，设宴款待，同他欢饮。拉着他的手说：“我从前挨够了你的硬拳头，你也尝够了我的毒巴掌，今天也该和好了！”说完哈哈大笑，李阳也会心地笑了。后来，石勒留下李阳，任他为参军都尉。

李阳、石勒都能不计前嫌，宽厚待人。然天子不记布衣之仇者，能有几人哪！

杜甫帮助贫困妇人

唐代宗大历二年，大诗人杜甫从夔州瀼西迁居东屯，把他的瀼西草堂让给亲戚吴郎居住。草堂前面原来有几棵枣树，每年的秋天，树上都结满红红的大枣子。

杜甫居住的时候，他西院的邻居是位贫妇人，由于贫困无着，所以每年都到杜甫的草堂前的枣树上打一些枣，储备起来，以补充食物的不足。杜甫从不阻拦，而且还往往帮助妇人打枣。

可是，吴郎搬进草堂以后，却在草堂前插起了篱笆，防止贫妇人打枣。杜甫知道了，对贫妇人非常同情，便写了一首诗送给吴郎，劝吴郎别那样做。诗名叫《又呈吴郎》，诗中写道：

堂前扑枣任西邻，无食无儿一妇人。
不为贫困宁有此？只缘恐惧转须亲。
即防远客虽多事，遍插疏篱却甚真。
已诉租赋贫到骨，正思戎马泪沾巾。

诗一开始就用急切的语调先提出要求，表现出诗人为贫妇人求情的紧迫心情。第二句设身处地的为贫妇人着想，进一步说明西邻打枣是因为生活贫困，出于无奈。

“不为”句问得略带悲愤，“只缘”句再进一层，说不仅不应拒绝她来打枣，反而应当对她亲切一些，才能解除她的顾虑，要鼓励她来打枣子以充饥。

诗的五、六句采取先抑后扬的手法，先说不相信吴郎会拒绝她打枣，然后才说你吴郎插上篱笆，即使无意，也显得太过于认真了。名为批评妇人多心，实际上是指责吴郎太不大方了。

最后两句，再次强调西邻的妇人贫困，说因为租税的追索和盘剥，她已贫困到了极点。写到这里的时候，诗人忽然想到了处于战乱之中的全国人民，像贫妇人那样的人怎么活下去呢？他不禁涌出了眼泪。

吴郎读了杜甫写给他的诗以后，深深地被杜甫的精神所感动，也为自己的行为感到内疚，立刻拆掉了防止西邻打枣的篱笆。

居家戒争讼

居[1]家戒[2]争讼[3]，讼则终凶[4]。

注释

① 居家：过日子，指在日常生活中。居，平时，平常。
② 戒：防止，避免，防备，杜绝。
③ 争讼：由互相争执引起诉讼官司。讼，争辩是非。
④ 终凶：最终会遇到不好的事情。凶，灾祸，灾害。

解读

在平常生活中，要禁止家庭出现争斗诉讼的现象，一旦出现了争斗诉讼的事情，无论胜败，得到的结果都是不吉祥的。

故事链接

刘君良休妻

刘君良，唐代深州饶阳人。他家几代是孝友世家，讲究团结友爱，父慈子孝，兄弟团结和睦，到他这辈已经是四世同居了。同族兄弟们都住在一个大家庭里，吃一个厨房的饭，共同劳作，治理家业，一斗粮、一尺布都不私用，真可谓是孝悌力田、礼让成风的大家了。

隋大业末年，年成不好，谷菜都歉收，社会上人心也不稳定。刘君良的妻子不是个很贤惠的人，这时劝刘君良分家。

他家院子很大，树也很多，由于孩子们都有教养，树上鸟巢很多，鸟也欢聚在这里。为了造成分家的借口和依据，刘君良的妻子偷偷把树上鸟巢里的雏鸟掏出来，互相交换，造成鸟的互斗、悲鸣。

家里的人都很奇怪。刘君良的妻子于是造谣劝刘君良说："天下就要大乱了，你看禽鸟都不安起来，何况人呢？快分家吧！"

刘君良也莫名其妙，就和众兄弟商议好，分家另住了。分开家一个月后，刘君良发觉了禽鸟不安是他妻子搞的诡计，于是斥责妻子说："是你破坏了我们的家，你走开吧！"

妻子走后，他又把众兄弟召集到一起，说明原因，又合到一起住了。这时地方上很乱，乡里的人，无法安居，于是都来依靠刘家，大伙儿在他家修筑起堡垒来，起名叫"义成堡"。大伙守住在这堡垒里，渡过了难关。

唐武德年间，深州别驾杨宏业专程来刘家访问，他看到刘家有六个大院，共同吃一个厨房做的饭菜。看到刘家的子弟们都彬彬有礼，招待他酒饭，使他很欢畅地离开这里。唐贞观六年，朝廷特下诏书，表彰刘君良孝悌友邻、和睦家庭的高尚品德。

宽宏大度的孛邈

东晋末年，原本住在敦煌的孛邈一家，因家境不好，流落到了汉川居住。汉川刺史的助手姜显，借着自己的权势，不时凌辱欺压孛邈。孛邈一直默默地忍受着。

15年后，即晋安帝义熙九年，孛邈被朝廷任命为梁州刺史，镇守汉川。消息传来，原来欺压过孛邈的人无不惊恐。姜显更是终日坐卧不安。

人们对姜显说："你该倒霉了。过去你欺压人家，人家今日报复你，这可是罪有应得啊！"

姜显也对自己家人说："完了，我们家这下可要倒霉啦！"

李邈上任的那天，姜显赤着上身，叫人捆了自己，跪在路旁迎候李邈。李邈见到他，大吃一惊，连说："唉，不要这样！不要这样！"

接着，李邈走下轿子，亲手为姜显解开了绳子，安慰姜显说："过去的事已经过去了，今后谁也不要放在心上了。"

说罢，又叫家里的人取来衣服，走上前说："来来，快穿上衣服。"姜显见李邈对过去的事一点也不嫉恨，而且这样坦然、诚恳，感动得流下了眼泪。

有人问李邈道："过去姜显那样欺负你，你为什么不仅提都不提，而且还这般待他？"

李邈思考了一下，说："我过去借住在这里，失意了多年，若报复姜显，那会有许多人都感到害怕。只要他们知道过去不对就行了，何必还要意气用事呢？"人们听了他的话，都称赞李邈胸怀宽，度量大。

处世戒多言

处世[1]戒多言[2]，言多必失[3]。

注释

[1] 处世：待人接物，应付世情，与世人相处交往。

[2] 多言：指好讲闲话，不该说而说。言，言语，说话。

[3] 必失：一定会出现失误。失，失误，过错，过失。

解读

在与人交往的过程中，不要去讲别人的闲话，因为说多了就会造成不必要的失误，也会让别人感到非常不高兴、不自在，甚至让人感到厌烦。

故事链接

秦昭王请范雎赐教

范雎（？—前255年)，字叔，魏国芮城，即今山西芮城人。他辅佐秦昭王，上继孝公、商鞅变法图强之志，下开秦始皇、李斯统一之大业，是一位在政治上、外交上极有建树的谋略家，为秦统一天下奠定了坚实的基础。他不仅是秦国历史上的贤相，也是中国古代不可多得的政治家。

范雎少年时就怀有雄心大志，但是苦于家贫，只好投到魏国大夫须贾门下，希望有朝一日能得以发挥自己的才志。但是须贾忌贤妒能，他认为范雎的辩才之能抢了自己的风光，便设计暗害他。在吏卒的帮助下，范雎才抽身逃走。后来靠着魏国人郑安平帮助，藏在民间，化名为张禄。

公元前271年，秦昭王派使臣王稽入魏。这时的秦国，由于变法奠定了富国强兵的坚实基础，又经惠文王等人的不懈努力，国势更加强盛。秦国有个传统政策，荐贤者与之同赏，举不肖者与之同罪连坐。因此，秦国的有识之士，时常注意访求人才。

郑安平听说秦国的使臣到来，便冒充贱役，去服侍王稽，想从中代为范雎通融。通过郑安平的引见，再加上和范雎的长谈，王稽发现范雎是个少有的贤士，便把使命交接完毕后，带着范雎，前往秦国。

范雎进入秦国，住在下等客舍，过着粗食淡饭的生活，待命一年多，仍未得到任用。他对秦国大政问题，提出自己的看法，上书秦昭王，秦昭王见书大喜，重谢王稽荐贤之功，传命用专车召见范雎。

范雎进入秦宫，早已成竹在胸，他径直向禁地闯去。秦昭王走来，他故意不趋不避。宦官见这情况，大声斥责他："大王已到，为何还不回避？"

范雎反唇相讥，说道："秦国何时有王，独有太后和穰侯！"

这话分明是刺激昭王。昭王听出话中有话，又恰恰点到心中隐痛，赶忙把他引入密室，单独倾谈。

秦昭王毕恭毕敬地问道："先生以何教诲寡人？"

范雎一再"唯唯"连声，避而不答。最后，秦昭王深施大礼，苦苦乞求说："先生难道永远不愿意赐教吗？"

范雎见秦王心诚，这才婉言作答："臣非敢如此。未见大王之心，所以大王三问而不敢作答。臣不是怕死不敢进言，臣怕天下人见臣忠而身死，从此缄口不语，裹足不前，不肯向着秦国。"

最后，范雎才点出秦国的政治弊端。

秦昭王听后，推心置腹地说："秦国地处僻远，寡人糊涂。如今能得到先生您这样的贤才，真是三生有幸。从此以后，事无论大小，上至太后，下及大臣，愿先生好好教寡人如何处理，不要有什么疑虑。"

秦昭王从此重用范雎，使得后来的秦国政治、军事、外交活动，确实比以前更加强大和富有生气。

陆本松智斗劣绅

那是在清朝后期，贵州黎平县肇兴有个叫陆本松的，为人正直，聪明过人，12岁那年就中了秀才。

贯洞地方有个劣绅，经常通过打官司告状欺压百姓。他听说陆本松中了秀才，心中不服，扬言要找他比试高低。消息传来，乡亲们劝陆本松不要去惹祸。陆本松口头答应，心里却早下定决心要治治那欺人太甚的劣绅。

有一天，早饭后，陆本松扮成书童模样，扛着书箱，来到贯洞大寨。太阳落山时，找到劣绅家，央求说：“我到黎平府求学，路过此地，天色将晚，想借贵府住一夜。”

劣绅见是一个相貌堂堂的书生，料想必是财主家的少爷，就忙让他进屋，热情款待。

睡觉前，陆本松说：“我们读书人爱干净，要盖新被子才睡得着，钱多少照付，请您放心。”

劣绅命人拿了新被子给他。睡到半夜，陆本松拆开被面，用火烧了棉絮一个洞，然后他又把被面缝好。

第二天，天刚蒙蒙亮，陆本松不辞而别，还把新被子也带走了。劣绅知道后，暴跳如雷，立即带人追了20多里才赶上陆本松，开口便骂：“你这没良心的狗崽子，我热情款待你，分文不收，你却偷我的被子，也不看看我是谁？”

陆本松大声答道：“我出门求学，哪有不带被子之理，我们找县官讲理去。”劣绅一听说告状，喜出望外。

两人来到县官面前，都争着说是自己的被子。县官无法判断，就问：“你说是你的，他讲是他的，有何证据？”

劣绅满有把握地说：“我的被子，里里外外都是新的。”

陆本松也不慌不忙地答道：“我的被子，里面有个火烧的洞。”县官命差役当场拆看，果真见棉絮有个小洞，便骂劣绅贪利无道，最后就把被子判给了陆本松。

出了衙门，陆本松把被子交给劣绅说：“被子是你的，县官却判给我，太不公道了，我还给你。”

劣绅得了被子，气势汹汹地又跑进公堂对县官说：“明明是我的被子，你判给他，一出门，他就还给我，还骂你不公道呢！”

县官听了，正想发作，忽见陆本松满身泥巴，跑进公堂，喊着：“大人呀，你正直公道，把被子判给我。他心中不服，目中无法，刚出门，他就以老欺小，把我打倒在地，抢走了被子，反而出口伤人，请大人为我作主。”

县官顿时火冒三丈，叫差役把劣绅打了五十大板，赶出门外。

出了大门，陆本松又对劣绅说：“是你的被子，拿回家去吧，不要再去告状欺人了，我就是肇兴的陆本松。”

劣绅听说是陆本松，知道自己不是他的对手，只好抚着被打得红肿的屁股，扛着被子一瘸一拐的回家去了。

勿恃势力而凌逼孤寡

勿恃势力[1]而凌逼[2]孤寡[3]，毋贪口腹[4]而恣[5]杀牲禽[6]。

注释

①恃势力：倚仗权势权力。恃，依赖，倚仗。

②凌逼：欺凌逼迫。凌，侵犯、欺压。逼，强迫，威胁。

③孤寡：孤儿和寡妇，这里指弱势群体。

④贪口腹：饮食上的贪欲。口腹，指饮食，食欲。

⑤恣（zì）：任意，随便，肆意妄为。

⑥牲禽：牲畜和家禽。牲，家畜。禽，鸟。

解读

不可以倚仗势力去欺凌压迫孤儿寡妇，以强大去欺负弱小的方式是不正确的，此外，也不要因为有想吃的贪欲而任意地宰杀牛羊鸡鸭等动物。

故事链接

周处改过

周处，字子隐，宜兴阳羡人。他少年丧父，不满20岁时，其体力就超过常人，喜好跑马打猎，不拘小节，随心所欲，而且放荡不羁。所以乡里人都十分厌恶他，把他看成是一大祸患。

当时，阳羡一带连年遭水灾，据说是因为河里有一条蛟龙在那里兴风作浪，致使水患不断；在阳羡南山上又有一只白额猛虎，经常下山危害人畜。这样，乡里人就把河里的水患、山上的虎患和人间的周处称作当地的三大祸患。大家编成一首民间的歌谣："河里有水患，山上有虎患，周处在人间，凑成三大患，三患不消除，百姓咋安然。"

周处知道了人们对他的怨恨和讨厌以后，立下了发愤改过的决心。但是，他又怕得不到人们的理解和信任，于是去向乡里的尊长请教。

尊长便对他说："乡里的人们把你和南山上的猛虎、长桥下的蛟龙称为三害，你如果能除去这三害，那就是为大家做了件大好事，到时人们怎么能不信任你呢？"

周处听了尊长的话，觉得很有道理。他想，既然自己被人们深恶痛绝，自己就应当以实际行动为民除害，以取得人们的信任。于是，周处带

上刀箭进山去把猛虎射死了。接着，他又跳入水中与那蛟龙搏斗。

经过三天三夜，周处终于把蛟龙杀死了。可是，人们不见周处返回，以为他也死了，大家非常高兴地互相庆贺。有人还说，三害皆除，大家可以安居乐业了。

周处回到家乡，听说乡里人不仅欢庆猛虎、蛟龙被除，同时也欢庆他一同死去了。才知道自己过去的作为，使乡里人憎恨到多么严重的程度。于是，周处带着无限愧疚的心情，到吴兴郡去找当时很有名望的陆机、陆云二人指教。

周处把自己如何斩杀虎、蛟的经过及人们欢庆的情况原原本本地告诉了陆云。尔后，他十分痛切地说："阳羡的三害我已除去了两害，可乡里人还在庆幸我的死去，心里很是难过。"接着又说："我一心想改正以前的错误，可白白耽误了这么多年，恐怕已经来不及了。"

陆云说："乡里人憎恨的是你过去的行为。现在你虽然把猛虎、蛟龙这两害除掉了，但人们还希望你把过去的错误也彻底除掉啊！三害全除，这才是皆大欢喜呢！"

陆云见周处有所领悟，但脸上仍有难色，就又热情地鼓励他："古人重视朝闻夕改，'知过之谓智，改过之谓勇'，你既然有斩蛟杀虎的勇气，又何愁对自己的错误不能改过自新呢？"

周处回到家乡以后，发愤上进，好学不倦，讲究节操，举止言行都做到忠信克己。一年后，他终于赢得了人们的信任。州府见他是个有志有勇的人物而争着聘用他。

周处受聘后，先后在东吴时任东观左丞、无难督等职，在晋朝时任过新平太守、广汉太守、楚内史、御史中丞等职。后来还驰骋沙场，成为了英勇善战的将领。

周处勇于正视自己的错误，并能从善如流，真诚改过，终于成为新人的精神为后人传为佳话。

华歆救人救到底

华歆、王朗同是三国时代的人。在一次战乱中，他们两人被追兵撵到了长江边。慌乱中，他们找到了一条船。正要开船时，岸上又跑来了一个人呼喊求救，想搭乘这条船逃往对岸。华歆看到这个情景，为难起来。旁人见他犹豫不决，也不好开口。

这时追兵越来越近，王朗着急了，忙对华歆说："就让他搭船吧，正好船上还有地方，为啥不帮他一把呢？"就这样，那人也与华歆、王朗同乘一条船往对岸逃跑。

船行到江中心，追兵已经赶到岸边。他们看见华歆、王朗的船，便纷纷下水泅渡追赶。泅水的士兵离行船越来越近。划船的艄公累得精疲力尽，船的速度越来越慢了。

王朗见此情景，开始着慌了，便打算赶一同逃难的那人下船。华歆连忙阻止王朗说："我当初所以迟疑，不答应，正是怕出现这样的情况。我们既然已经答应人家同船逃难，怎么能中途丢弃人家呢？"王朗被说得无言以对，只好照华歆的话办。

追兵泅到江心渐渐累了，泅水速度便慢了下来，与华歆他们的船距离又逐渐拉大了。就这样，行船成功地划到对岸，华歆、王朗及那人摆脱了追兵，那个人也顺利地逃出了虎口。这件事传开后，人们都赞扬华歆办事讲信用，说话算话，在任何情况下也不变卦。

乖僻自是

乖僻[1]自是[2]，悔[3]误[4]必多。

注释

1. 乖僻：形容一个人言行怪异，性情乖张偏执。
2. 自是：自以为正确，指自以为是。是。正确，对的。
3. 悔：懊恼过去做得不对，指懊悔、后悔的事情。
4. 误：错误，不正确。这里指错误的事情。

解读

一个性情古怪偏激，同时又自以为是的人，必然会因为常常做错事而感到懊悔，因此，在日常生活中遇到问题时，我们要多听听别人的意见，不要一意孤行。

故事链接

孟母教子以礼

孟子年幼的时候，他们家离墓地比较近，孟子常到墓地里去玩耍。和小朋友们一起做一些模仿成人送葬一类的游戏。孟母发现这一情况之后，就说："这不应该是让孩子住的地方啊！"

于是就迁居到一个闹市的附近。可孟子在玩耍时又学起小贩沿街叫卖的事来。孟母说：“这也不是我孩子应住的地方啊！”

就又迁居到学校的附近。这时，孟子在玩耍时就学起祭祀、打躬作揖的礼仪来。孟母说：“这个地方可以让我儿子住了。”

于是就在这里定居下来。后来，孟子有了妻室。一次，孟子的妻子在屋里休息时，将两条腿叉开坐着，孟子外出回来，一进屋看见妻子这个样子，就气哼哼地去找母亲，请母亲允许将妻子休了。

这突如其来的事，把母亲弄愣了。便问为什么，孟子回答说：“她坐着的时候把两腿叉开，像个什么样子。”

孟母追问：“你怎么知道她坐着的时候是把两腿叉开的呢？”

孟子回答说：“是我亲眼所见嘛！”

孟母严肃教导他说：“不是你妻子没礼貌，而是你没有礼貌。《礼记》上不是说了吗？要进门时，先要问谁在里面；要上堂时，一定要高声说话；要进屋时，眼睛应该往下看。这样可以使人在没有防备时，不至于措手不及。现在你到她闲居休息的地方去，进屋前也不说一声，

使她这样坐着让你看见了，这是你没有礼貌。”

听了母亲的教导，孟子感到很惭愧。

王吉休妻

西汉宣帝时，有位谏议大夫叫王吉，此人秉性耿直，敢说敢谏。当时汉宣帝宠任外戚，也就是皇帝的丈母亲和外祖母家的亲戚。外戚的子弟都做了官，还屡屡升职，而这些人大多荒淫奢侈、目中无人。

王吉对这件事很生气，于是就上了一道奏章，建议皇上废除任命外戚子弟的办法。汉宣帝看了王吉的奏章，认为他太古板了，不但不采用他的意见，而且以后干脆不去理他了。王吉碰了个软钉子，无心再为朝廷做事，便推说有病，辞官不干了。

王吉辞官后，在长安城租了一座房子居住。王吉的妻子对丈夫十分敬重，她每天都端来洗干净的大枣让王吉吃。起初王吉以为妻子是从街上买来的枣子，便心安理得地享用。

后来他才知道是东边邻居家里有棵大枣树，枝叶茂盛，结满了果实，枝头长过墙这边来了，妻子是每天从邻居家伸过来的树枝上摘的枣。王吉是个十分正直，又注重团结的人。他知道了事情真相后非常生气，批评妻子不应该这样做，在盛怒之下，将妻子赶回娘家去了。

东边邻居家听说王吉为此事赶走了妻子，感到过意不去，就拿了把斧子想砍大枣树。街坊、邻居们纷纷出来调解，王吉只好听从众人的劝解，把妻子接回来了，东邻家也把斧子扔掉了。

王吉和东邻两家，从此更加友好相处了。街坊邻居对王吉和邻居注重邻里团结的美德很敬佩，于是编了一首歌儿来赞美他们，歌中唱道：“东家有树，王吉妇去，东家枣完，去妇复还。”

颓惰自甘

颓惰[1]自甘[2]，家道[3]难成。

注释

①颓（tuí）惰：颓废懒惰。颓，消沉，委靡，精神不振。惰，懒惰，懈怠。

②自甘：自己甘心情愿。甘，自愿，乐意。

③家道：家境，指家庭中的经济情况。

解读

一个在日常生活中颓废懒惰、沉溺不悟的人，是很难与别人沟通的，同时也是难以成家立业的。因此，我们要做一个勤劳勇敢、积极向上的人。

故事链接

匡衡凿壁偷光

匡衡，字稚圭，西汉东海承人。他家祖祖辈辈务农，没有一个读书人，生活十分贫困。匡衡小时候就喜欢读书，酷爱学习。但因家穷，少年时给财主放牛、放羊，长大了，成了敦敦实实的壮小伙子。农忙季节，父亲让他给地主打短工，做零活，帮助家里维持生活。

匡衡是一个有雄心大志，善于动脑筋给自己创造学习条件的聪明人。打短工的时候，他身边总是带着书，有空就拿出来看。哪怕在地头歇息的一点点工夫，他也要看上几段书。

由于能够这样地刻苦学习，充分利用时间，他把《春秋》《诗经》《论语》《礼记》，甚至《尚书》《易经》都读了。天常日久，学问越来越大，但是他从不自满，学习起来总是孜孜不倦。

匡衡白天为财主干活，晚上不怕累，原想读点书，可是，为了省油，天刚黑，他母亲就催他早早睡觉。匡衡一心想读书，怎么能睡着觉呢？他常常在一片漆黑的房间里背诵文章，有背得流利的，也有丢字的，他想看书对照一下，没有灯，真是心急如火。

他心里烦，睡不着，耳朵就特别灵，隔壁吵吵嚷嚷的声音听得特别清楚。他走出草房，只见邻居财主家灯火通明，财主家经常大吃大喝，闹到半夜也不熄灯。可惜屋里隔了一堵厚墙，光线射不进来。

有一天晚上，他正默诵文章，发现从墙缝里透过来一丝微弱的光，灯光！灯光！嘿！灯光有了。再也不愁无灯看书了，匡衡连忙捧着书，靠在墙边对着缝孔，贪婪地看了起来，他全神贯注，忘记了一天的疲劳和夜晚的倦怠。

第二天，瞅着邻家财主出门会客，家中无人，他非常小心地在墙壁上钻个小洞，小洞一直透到隔壁，然后他用纸小心地把小洞遮挡好。一到晚上，他就轻轻地把纸挪开，果然，一束光线射了进来，他捧着书对着小孔，书上的字能看清楚了。从此，他每天晚上在自己的房间里，借着偷来的灯光，勤奋读书。

匡衡的求知欲望越来越强。苦于无书可读，他到处设法借书。真正书多的还是富人家，书是很难借到的。聪明的匡衡想出了一个好办法，他去向一个藏书多的富人借书，表示愿意给他做工，不要工钱，只借书看，富人答应了他的要求。

匡衡很勤奋，白天做工，晚上看书，富人被他的强烈求知欲望，勤奋好学的精神所感动，就把全部藏书借给他看，不长时间，他就把那个富人家的全部藏书读完了。

匡衡的书越读越多，越读越精，六艺经传他都有研究，最后终于成了博士，他这个博士可不一般，当时的学者都钦佩他，纷纷赞扬说："对经学研究得透彻的除了匡衡之外，找不出第二个来。"

这事连朝廷也知道了，汉宣帝就颁诏让他作了平原文学，以后还做过宰相。匡衡在事业上所以能取得如此成就，是从小勤学得来的。

贾逵隔篱听课

贾逵，字景伯，东汉平陵人。是我国古代著名的经学家、天文学家。他出生在一个贫寒的读书人家里，父亲贾徽在贾逵幼年时就外出求学去了，常年在外。贾逵同母亲、姐姐在一起，过着贫苦的日子。

贾逵从小聪慧好学。五岁那年，有一天姐姐带他到院子里玩，忽然听见附近的私塾里传来了一阵阵读书声。私塾外围有一层篱笆，贾逵人小个矮，就嚷着让姐姐抱起他看个究竟。

姐姐抱起贾逵，小贾逵手抓篱笆往里一看，原来是私塾老师正领着学生在诵读经书。小贾逵羡慕极了，情不自禁地跟着老师诵读，久久不肯离去。姐姐见弟弟如此喜欢读书。于是每天抱着他隔篱听课。

小贾逵学习真有一股恒劲，一年四季坚持不断，有时姐姐没时间陪他去，他就自己趴在篱笆旁听课。遇上风雪天，他照听不误，小脸蛋与双手冻得通红，也不肯回家暖和。

就这样，暑去寒来，贾逵隔篱偷学了五年，对老师讲授的《五经》与《左传》竟能全文背诵下来了。十岁那年，父亲贾徽求学回家，发现儿子对经书十分熟悉，能背诵《五经》，非常惊喜。姐姐向父亲述说了贾逵的五年苦学，贾徽听后，赞叹不已。

贾徽也是研究经学的一位学者。所谓经学，就是解释和阐述儒家经典著作的一门学问，东汉时颇为盛行。贾徽曾经向西汉末年的著名古文经学派开创者刘歆学过《左传》，功底很深。他发现贾逵虽然能背诵《五经》与《左传》，但对经学的微言大义并不甚理解，而且贾逵隔篱听课时没有教材，文字写作能力差。针对儿子的薄弱环节，贾徽因材施教。

在父亲指导下，贾逵剥下庭中桑树皮作书板，对着教材边诵读边默写，桑树皮用完了，他就趴在门上、墙壁上写字，等把写下来的东西背熟了，又涂掉另写。贾逵就这样刻苦地自学，而且10年不中断。当他刚满20岁的时候，竟令人惊奇地为《左传》和《国语》写了51篇注释。贾逵的名声传遍乡里，不少好学的青少年纷纷前来求教，大家都把他的教书生活称为“舌耕”，以赞扬他的勤奋刻苦精神。

狎昵恶少

狎昵[1]恶少[2]，久必受其累[3]。

注释

1. 狎昵：过分亲近而态度轻佻，指不拘礼节的亲近。
2. 恶少：指行为不良、品质不好的青少年。
3. 累：连及，连带，这里是拖累、牵连、妨碍的意思。

解读

如果与不良的少年交往亲密，日子久了必定会受到他的连累。因此，我们要多交一些对自己的身心成长有帮助的朋友，并且一起学习文化知识，一起进步。

故事链接

管宁割席

管宁和华歆在年轻的时候，是一对非常要好的朋友。他俩成天形影不离，同桌吃饭、同榻读书、同床睡觉，相处得很和谐。有一次，他俩一块儿去劳动，在菜地里锄草。两个人努力干着活，顾不得停下来休息，一会儿就锄好了一大片。

只见管宁抬起锄头，一锄下去，“当”一下，碰到了一个硬东西。

管宁好生奇怪，将锄到的一大片泥土翻了过来。黑黝黝的泥土中，有一个黄澄澄的东西闪闪发光。

管宁定睛一看，是块黄金，他就自言自语地说了句："我当是什么硬东西呢，原来是锭金子。"接着，他不再理会了，继续锄他的草。

"什么？金子！"

不远处的华歆听到这话，不由得心里一动，赶紧丢下锄头奔了过来，拾起金块捧在手里仔细端详。管宁见状，一边挥舞着手里的锄头干活，一边责备华歆说："钱财应该是靠自己的辛勤劳动去获得，一个有道德的人是不可以贪图不劳而获的财物的。"

华歆听了，口里说："这个道理我也懂。"手里却还捧着金子左看看、右看看，怎么也舍不得放下。

后来，他实在被管宁的目光盯得受不了了，才不情愿地丢下金子回去干活。可是他心里还在惦记金子，干活也没有先前努力，还不住地唉声叹气。管宁见他这个样子，不再说什么，只是暗暗地摇头。

又有一次，他们两人坐在一张席子上读书。正看得入神，忽然外面沸腾起来，一片鼓乐之声，中间夹杂着鸣锣开道的吆喝声和人们看热闹吵吵嚷嚷的声音。于是管宁和华歆就起身走到窗前去看究竟发生了什么事。

原来是一位达官显贵乘车从这里经过。一大队随从佩带着武器、穿着统一的服装前呼后拥地保卫着车子，威风凛凛。再看那车饰更是豪华：车身雕刻着精巧美丽的图案，车上蒙着的车帘是用五彩绸缎制成，四周装饰着金线，车顶还镶了一大块翡翠，显得富贵逼人。

管宁对于这些很不以为然，又回到原处捧起书专心致志地读起来，对外面的喧闹完全充耳不闻，就好像什么都没有发生一样。华歆却不是这样，他完全被这种张扬的声势和豪华的排场吸引住了。他嫌在屋里看不清楚，干脆连书也不读了，急急忙忙地跑到街上去跟着人群尾随车队细看。

管宁目睹了华歆的所作所为，再也抑制不住心中的叹惋和失望。等到华歆回来以后，管宁就拿出刀子当着华歆的面把席子从中间割成两半，痛心而决绝地宣布：“我们两人的志向和情趣太不一样了。从今以后，我们就像这被割开的草席一样，再也不是朋友了。”

真正的朋友，应该建立在共同的思想基础和奋斗目标上，一起追求、一起进步。如果没有内在精神的默契，只有表面上的亲热，这样的朋友是无法真正沟通和彼此理解的，也就失去了做朋友的意义了。

黄霸愿与知己同赴难

黄霸是我国西汉时期的大臣。夏侯胜是我国西汉时期著名经师，“今文尚书学”的开创人。公元前72年，汉宣帝提议为汉武帝创庙乐来颂扬他的功德。让大臣们展开讨论。

结论只有一个：应该依照皇帝的命令办事。因为群臣里，奉迎巴结的有，胆小怕事的有，不负责任的有。都人云亦云，随声附和。有歧义吗？有。

唯独夏侯胜说：“武帝虽然有扩大疆土的功劳，却为此阵亡很多将士，耗尽了国家的人力物力。疆土稳定，他又封禅、祀神、求仙，挥霍无度，使得徭役繁重，百姓流离失所。他对人民没有什么恩惠，不应该为他创庙乐。”

大臣们听了夏侯胜的话，都非常害怕，为避免自己受到牵连，联名上书举报，说：“夏侯胜对皇上旨令妄加评论，对先帝肆意诋毁，实属大逆不道，应予治罪！”

夏侯胜闻之，毫无惧色，正言道：“直言不讳，君子之行，随声附和，小人作为。我即言明，死而无憾！”

群臣愕然。丞相长史黄霸挺身而出。黄霸尽管平时与夏侯胜很少往来，但今天听了夏侯胜的诤诤之言，看到他凛然正气，十分敬佩，立时将他视为知己。便上前和夏侯胜站在一起，拉着他的手说："先生也道出了我的心思，我愿与知己者共同赴死！"

创庙乐的事定下来了，而夏侯胜却因犯诋毁罪被抓进了监牢，黄霸也因犯纵容罪入了狱。在狱中，他们谈国事，肝胆相照；议家事，情投意合。黄霸想向夏侯胜学《尚书》，夏侯胜认为早晚要赴死，拒绝了他。

黄霸说："早晨知道了真理，晚上死也永没有遗憾了。"夏侯胜非常钦佩他的观点，便答应了他的请求。寒来暑往，两个春秋过去了。他们对《尚书》的研究，也越来越深入。后来他们双双出了狱。大家都非常敬佩他们那种"交友贵相知"的精神。

屈志老成

屈志[1]老成[2]，急[3]则可相依[4]。

注释

1 屈志：屈就的意思，高才任低职叫屈就。

2 老成：老练成熟，老成持重的正人君子。

3 急：紧急，危急，这里指要紧、急难的时候。

4 相依：互相靠对方生存或立足。依，靠，仗赖。

解读

我们恭敬自谦，并且虚心地与那些阅历多而且善于处事的人进行交往，在遇到急难的时候，就可以受到他的指导或帮助，自己也会感到心安。

故事链接

冯异爱护兵士

冯异，颍川父城人，字公孙，是东汉时的一位大将，为人好学，熟读《左氏春秋》《孙子兵法》等书。他作为将军，待人和气，礼让谦虚，关心体恤士兵，与三军将士建立了深厚的战斗友情。

当时，刘秀还未称帝，各地群雄割据。冯异跟着刘秀东征西战，立下了汗马功劳。但他从不居功自傲，对将士们十分和气。在路上与别人相逢，总是命自己的乘车让道，这深得大家的敬仰。

每次打仗后，论功行赏，冯异常常把功劳归于别人，特别注意奖掖那些作战勇敢的下级军官和普通士卒。每次激烈的战斗后，他便喜欢坐在大树下，或者看书，或是写字，将士们从心里喜欢他，都亲昵地称他为“大树将军”。

有一次，刘秀带着部队来到饶阳无蒌亭。那时气候寒冷，加上长途行军，众人饥疲交迫，有些支撑不住了。冯异看到这种情景，十分痛惜士卒，便派人烧了一大锅豆粥，端送给大家。

士卒一看到热气腾腾的豆粥，大家的眼睛立时亮了，不少人还欢快地喊叫起来：“又热又香的豆粥，快来喝啊！”士卒们争先恐后地喝着，一碗又一碗，直喝得头上冒了汗，饥寒顿时消除了。

还有一次，部队来到南宫县，适遇一场瓢泼大雨，兵士们被浇得像是落汤鸡，冻得瑟瑟发抖。冯异又想方设法找来了木柴，立刻升了一堆熊熊的大火，兵士们高兴地围拢来，烤身子，烤衣服，寒冷为之一扫而光。

冯异这样关心兵士、爱护兵士，兵士们都喜欢他；打起仗来，大家令行禁止，都听他的指挥，军队战斗力很强，连连打胜仗。刘秀也很喜欢他，认为像冯异这样能够紧密团结自己周围兵士的将军，是很难得的。

在占领洛阳登了帝位后，刘秀便派冯异平定关中，长期坐镇长安，百姓都称他为咸阳王，有人向光武帝奏了一本，说他的坏话。冯异听到此事很惶恐，给皇帝写奏书申辩说：“过去境况十分艰难时，我做事尚且不敢有半点差错；现在天下太平，又赐了爵位，我如何要做不轨之事？”

光武帝刘秀看了看奏章，给冯异回了一封诏书说：“我你义则君臣，恩如父子，从无嫌疑，何必惧怕！”

公元30年，冯异自长安入朝。光武帝指着冯异对公卿们说：“他是我起兵时的主簿，为我披荆棘，定关中，为人谦和，善交战友，体悯将士，人们昵称之为‘大树将军’！”

散朝后，光武帝不能忘怀当年冯异在艰难时刻煮粥举火的深情厚谊，便赏给冯异珍宝、衣服、钱帛，又写了一道诏书说，无蒌亭豆粥，滹沱河麦饭，这厚意好久还未报答哩！

曹操招募提拔人才

曹操，字孟德，安徽亳县人，三国时杰出的政治家、军事家和诗人。他一生做官40余年，绝大部分时间是在战争中度过的。他励精图治、三次下令求贤。曹操在一生政治军事生涯中，非常重用人才，招募人才，团结人才。曹操的重要谋士荀彧起自“布衣”，曹操把他从一个小小的县令破格提拔到中央当尚书令，参与军政大事。郭嘉、温宠原来也都是小吏，后来被曹操提到重要领导岗位上。他们在曹操的统一事业中，都发挥了巨大的作用。

曹操不仅重用出身低微的人，就是过去与他抱敌对态度的人，只要改了，也能一样录用。如“建安七子”之一的陈琳，写得一手好文章，并一度投靠袁绍，袁绍付伐曹操的檄文就是他写的。檄文中用“赘阉遗丑”等恶语辱骂曹操，还把曹操的祖父和父亲骂了一通。

后来曹操打败袁绍，平定河北，陈琳落在曹操手中。陈琳慌恐不安，急忙请罪，以为曹操一定会把他处死。可曹操不但没治他的罪，还安慰他说：“过去的事就算了，只要你为我献计献策就行了。”

曹操还任命陈琳做了司空军谋祭酒，把他留在身边掌管文书。后来曹操发表的重要文告，很多都是陈琳起草的。

曹操在官渡之战中打败袁绍时，在缴获的文件档案中，发现很多自己军中和许昌朝廷中的人写给袁绍的私人书信。有人提议要严加追查惩办。

曹操却说：“那时袁绍势力强大，我自己的地位都难保，何况部下呢？”

于是，他下令把这些信件全部烧掉。那些过去与袁绍有私交的官员深为感动，消除了顾虑，后来都积极为曹操的事业效力。对豪强、军阀，曹操也不是一概排斥。如原属董卓系统的军阀张绣，指挥作战的才能非常出众。张绣与曹操多次交战，在一次战争中还杀死了曹操的大儿子曹昂，可谓深仇大恨。最后因作战失败，在走投无路的情况下投靠曹操。他自知性命难保，可曹操不记私仇，仍然让他指挥军队。后来在官渡大战中立了大功，曹操把他和其他有功人员一样对待，封为列侯。

曹操用人不徇私情，即使是自己的儿子也不例外。由于他注重、爱惜、团结人才，使许多有才能的人士纷纷前来投奔。因此，曹操身边出现了猛将如云、谋臣如雨的盛况。曹操不拘一格选拔人才，对于取得战争胜利，统一国家，安定人民生活，起了重大作用。

轻听发言

轻听发言[1]，安知[2]非人之谮诉[3]？当忍耐三思[4]。

注释

1. 轻听发言：轻易相信别人说的话。听，顺从，接受。
2. 安知：怎么会知道。安，哪里，怎么。
3. 谮（zèn）诉：以虚伪的事实诬陷别人，指中伤别人的话语。
4. 三思：主要指思危，思退，思变。这里指再三权衡。

解读

如果有人来说长道短，我们不可以轻易地就相信他，要经过自己的再三思考才行，要得到一个正确的判断，因为我们并不知道他是不是来说别人坏话的。

故事链接

齐桓公清“社鼠”

齐国大夫鲍叔牙把管仲推荐给齐桓公。齐桓公不记箭伤之仇，任命管仲为卿，辅佐自己推行改革。管仲帮助齐桓公，在税收、徭役、货币、物价等方面，进行了一系列改革，并以“尊王攘夷”相号召，使齐国国威大振，成为春秋时代第一个霸主。在改革中，管仲毫不避嫌，敢于忠言直谏。一次齐桓公问管仲："治理国家最令人担忧的是什么？"

管仲回答："那当然是社鼠了！"

齐桓公诧异道："社鼠？社鼠是什么呢？"

管仲回答："社鼠是土地庙里的老鼠啊！您见过建土地庙吗？需要先打好地基，再支起木架，垒上土坯，抹上泥巴，还要上笆，垒瓦……建成可不容易啊！可是老鼠却在土地庙里打洞、做窝、寄身。日子久了，墙倒屋塌。人们再虔诚，又上哪儿去祭祀呢？人们想治老鼠，用火熏，担心烧了木头，用水灌，又担心墙壁倒塌、泥土剥落……这就是社鼠不能捕杀的原因。"

齐桓公听了，连连点头道："如果把土地庙比作国家，谁是社鼠呢？"管仲说："是国君左右的一些人啊！这些人，在下面凭借国君权势榨取民脂民膏，又互相隐瞒。在宫廷伺察国君情报，又上下勾结。执法者怕国君少了阿谀奉承的人，心中不快，不敢惩罚，而乱了法纪。这样，先王辛辛苦苦建起的基业，就会像土地庙闹老鼠一样，早晚会倾倒。"

齐桓公恍然大悟，说："我明白了，如果不惩处那些依势祸国的小人，就不能治国安民、革故鼎新了！"

于是，齐桓公下令依法惩处了那些祸国殃民的"社鼠"，百姓无不拍手称快，齐国从此日益强盛。

霍光辅政为公

霍光，是汉昭帝手下赫赫有名的贤臣。在他辅政时，汉昭帝年纪尚小，不懂得如何治理国家。霍光就不厌其烦地向汉昭帝进谏，请求皇帝陛下要尽可能地照顾老百姓，减轻赋税，减少官差，遇到灾荒年要借给百姓种子和粮食。正因为霍光敢于直谏，使得汉昭帝时，朝政比较清廉。老百姓说："孝文皇帝和孝景皇帝时候的日子又快回来了。"

可是朝廷中有几位大臣因为霍光不讲情面，一心为公，他们不能为所欲为，就把他看作眼中钉，肉中刺，非把他拔去不可。左将军上官桀和他的儿子上官安首先反对霍光。

上官安是霍光的女婿。他有个女儿，才六岁。上官安要把这个六岁的女儿嫁给汉昭帝，将来好立她为皇后。他请父亲上官桀先去跟霍光疏通。霍光说："您的孙女才六岁，现在就送进宫里去，不合适。"

上官桀和上官安从此非常痛恨霍光。上官安不死心，他找到了汉昭帝的大姐盖长公主的朋友丁外人，请他去请求盖长公主。丁外人花言巧语地向盖长公主一说，盖长公主就答应下来了。原来，汉昭帝从小死了母亲，是姐姐将他带大的，一向把大姐盖长公主看成母亲一样，盖长公主怎么说，他就怎么做。

就这样，上官安六岁的女儿进了宫，没有多少日子就立为皇后。上官安做了国丈，还做了车骑将军。他非常感激丁外人，就在霍光面前说丁外人怎么怎么好，可以封他为侯。

霍光对于六岁的小姑娘进宫这件事本来很不乐意，因为盖长公主主张这么办，他不便过于固执。可是封丁外人为侯，霍光是坚决反对的。上官安为此嘴皮子都快磨出血来，霍光还是不依。上官安央告他父亲上官桀再去跟霍光商量。

霍光说："无功不得封侯，这是高祖立下的制度。"

上官桀降低了要求，他说："拜他为光禄大夫行不行？"

霍光说："那也不行。丁外人无功无德，什么官爵都不能给。"

霍光因此得罪了上官桀他们爷儿俩和盖长公主、丁外人他们。上官桀他们勾结燕王刘旦，谋划先想办法消灭霍光，然后废去汉昭帝，立燕王刘旦为皇帝。朝廷里有左将军上官桀、车骑将军上官安，还有别的大臣，外边有燕王刘旦，宫里有盖长公主和丁外人，他们联合起来布置了天罗地网，打算将霍光置于死地。这伙丧心病狂的家伙，借口霍光把一个校尉调到大将军府里来，就诬陷霍光不尊重皇上，滥用职权，企图借汉昭帝之手处罚霍光。

多亏汉昭帝圣明，及时戳穿了上官桀等人的阴谋诡计，才使霍光得以幸免。霍光十分感激汉昭帝明察秋毫，更加坚定自己一心为公的信心和勇气。上官桀爷儿俩一计不成，又生一计，准备杀了霍光之后，再把燕王刘旦刺死，上官桀自己即位做皇帝。上官安高兴得像躺在云端里一样。父亲做了皇帝，自己就是太子了，心里太高兴，不能不与自己的心腹聊聊，有人把他们的秘密告诉了霍光。

霍光为了社稷安危，为了普天下的黎民百姓着想，制定了周密的计划，一网打尽了乱党。平定乱党以后，霍光为了百姓能安居乐业，就建议汉昭帝对少数民族采取安抚政策，减少人头税，提倡节俭，裁撤冗员等，总之，霍光辅政期间吏治清明，天下太平，百姓十分敬佩这位品德高尚，一心为公的大将军霍光。

因事相争

因事相争[1]，焉[2]知非我之不是[3]？须平心暗想[4]。

注释

❶ 相争：相互争论，争执，争吵。相，交互。

❷ 焉（yān）：怎么，哪里，是文言文中的疑问词。

❸ 不是：指过错，过失，缺点。

❹ 平心暗想：静下心来反省自己。平心，心平气和。暗想，私下考虑。

解读

如果因为某件事情而和别人发生争论时，我们要冷静地反省自己，不要一味地去责怪别人，万一事情是由于自己的过错而发生的呢？

故事链接

负荆请罪

战国时期，赵国名将廉颇，功高位重，很自负。他对地位已经超过自己的蔺相如很不服气，常对人说："我是赵国的大将，有攻城守地的大功。而蔺相如过去是个下贱人，只凭着卖弄唇舌就爬至我的头上！我真羞愧在他之下。我见到蔺相如，一定羞辱他。"

蔺相如听到了廉颇的话，知道他正在气头上，就有意躲避着他，不肯与他见面，君王召集文武大臣上朝，相如常常称病不去。有一天，蔺相如坐车出门。远远望见廉颇也坐着车，从对面过来。蔺相如急忙叫车夫把车拐到胡同里，躲藏起来，等廉颇过去，才把车退出来，继续往前走。

门客们对蔺相如回车避见廉颇的做法实在看不惯，就找到他说："我们离开亲戚朋友，到您这里干事，是羡慕您智勇双全、道义高尚。如今您的地位在廉颇之上，他说您的坏话，您不回击；您见到了他，像老鼠见了猫，又是躲，又是藏。一般老百姓也受不了这个窝囊气，您身为上卿，却一点也不感到羞耻。我们可忍不下去，请让我们走吧。"

蔺相如好言好语劝留他们："你们说，廉将军与秦王比较起来，谁厉害？"门客们答道："当然是秦王厉害。"

相如点点头说："是啊。秦王那么厉害，我敢在大庭广众之下痛斥他，侮辱他的左右大臣。我虽然很愚笨，难道独独怕一个廉将军吗？我考虑的是，强大的秦国之所以不敢侵犯赵国，是因为有我们两人在，一文一武，同心协力，团结得好。如果我们俩像两只老虎，互相争斗，你死我伤，那正是敌人所希望的，我对待廉将军，是把国家的安危放在前面，个人的成见放在后面。"

蔺相如的话，很快传到廉颇的耳朵里。他坐立不安，越想越受感动，内心十分惭愧。于是他脱掉上衣，光着膀子，背上荆条，跑到蔺相如家里，跪在蔺相如面前，痛哭流涕地说："我心胸狭窄，为个人名位斗气。没想到上卿品质这么高尚，以国为重，宽以待我。我实在对不起你，特来向您请罪。"

蔺相如慌忙把他扶起，十分感动地说："我是个卑贱的人，没料到将军严以责己到这等地步啊！"

从此以后，两个人变成了同生死，共患难的好朋友。他们团结一致，文武配合，为国效力，使秦国不敢轻举妄动攻打赵国。

费宏访友谢罪

明朝时，在都城北京，一次皇帝对各地来京的读书人进行考试。没想到，考上第一名中了状元的，竟是一个不满20岁的年轻人，他的名字叫费宏。

看到自己的名字列在最前头的金榜在长安街上挂了三天，费宏的心里高兴极了。他很快就骄傲自大起来，觉得自己比别人高一头，不把别人放在眼里。

有一天，一位旧时的朋友来找他聊天。因为对某个问题的看法不一致，两个人争论起来，互不相让。费宏认为这是伤了自己这个“状元”的面子，一时火冒三丈，就打了那个朋友一个嘴巴。朋友捂着脸，气愤地走了。从此，一对好朋友就互不来往了。

不久，费宏的父亲听说了这件事，十分生气。他连夜写了一封长信，严厉地教育儿子：“你年纪轻轻，却如此不敬重朋友，实在太不像话。你应该赶快到那位朋友家去陪礼，不然的话，你就会犯更大的错误！”

随着这封信，还寄去了一把戒尺，要求儿子拿着戒尺去向朋友请罪。读完父亲的信，费宏感到很羞愧。他立刻遵照父亲的要求，直奔那位朋友家。

此时朋友还没有消气，不愿见他。他一连去了三次，都被对方找借口拒绝了。费宏更加不安。他第四次去，就求别人先把父亲的信和戒尺送给那个朋友，请他过目。

忽然，那位朋友流着眼泪跑出来迎接费宏。费宏见他这么伤心，以为他还在记恨前些天的那件事呢，就连忙道歉说：“我太对不起你了，请你别再生气吧！”

那位朋友连连摇头，说：“不，我不是生你的气。看了别人送进去的信和戒尺，我太感动了！你有多好的父亲啊！你有了过错，他这样认真地教育你，可是我的父亲早就去世了，我有了什么毛病，就听不到他的管教了。我是为这个才哭的呀！”

费宏说：“咱们朋友之间，也要互相指出过错，互相帮助改正毛病啊！”从此以后，他俩共同严格要求自己，友谊更加深厚了。费宏后来成了一个很有作为的政治家。

施惠无念

施惠[1]无念[2]，受恩[3]莫忘[4]。

注释

1. 施惠：给予别人恩惠。施，给予。惠，恩惠，好处。
2. 念：惦记，惦念，这里指常常念想着。
3. 受恩：接受别人的恩惠。恩，好处，恩泽。
4. 莫忘：不要忘记。莫，不要，别。忘，遗忘，忘记。

解读

当你对别人施了恩惠时，不要总把这件事情记在心里，当你受到了别人的恩惠时，一定要经常记在心里，别人的一点帮助对自己却是极大的安慰。

故事链接

白素贞报恩

白素贞是一条修炼千年的蛇妖，为了报答书生许仙前世的救命之恩，化作了人形，和许仙结为夫妻。婚后，他们开了一个药铺，济世救人。白素贞医道高明，治好了许多疑难病症，人们十分尊敬地称呼白素贞为“白娘子”。

有一次，许仙到金山寺还愿，法海就把许仙囚禁起来。法海是金山寺的住持，他为了阻止许仙和白素贞生活在一起，不让许仙回去，要他在寺里读佛经以洗净妖气。虽然许仙百般解释，法海全都不听。

法海狠狠地说："我非要斩死蛇妖为民除害。"

许仙被关在金山寺，白娘子万分焦急。当她得知是法海在作怪，便和小青到金山寺要法海放人。法海不仅不答应放人，反而还要白素贞现出原形，接受天惩。

于是，白娘子与法海斗起了法。她把剑往空中一抛，那剑化作一道白光，把法海抛出的青龙拦腰斩断。白娘子救人心切，拔下头上的玉钗当空一划，只见滔滔洪水向寺门涌来，眼看就要漫过金山寺了。

见形势危急，法海连忙脱下袈裟向空中一抛，袈裟立即化作一道长堤，把洪水挡在金山寺外。毕竟是怀了几个月身孕的人，白娘子感到身体疲乏。她见一时无法战胜法海，便和小青退走了。

走到断桥，忽然听得后面有人叫喊。两人回头一看，原来是许仙，他已从金山寺逃了出来。白娘子见到许仙，悲喜交集，决定带着许仙，远走他乡。可是，就在这时，白娘子腹中疼痛，不得不在路上休息一会儿。法海却不肯放过她，又追杀了过来。白娘子强撑病体，拔剑抵抗。

法海大呼："护法神何在？"随着他的喊声，天空中出现了一个凶恶的魔鬼，把手中的金钵对着白娘子抛下，罩住了白娘子。白娘子化成了一条小白蛇，被压在了雷峰塔下。小青见势不妙，逃走了。

不知过了多少年，只听得轰隆一声，雷峰塔倒掉，白娘子被救了出来，她又重新和许仙团聚了。原来是小青救了他们。小青在峨眉山炼成了三昧神火，之后就重新来到西湖，施展法力，击倒了雷峰塔。

白娘子知恩图报，济世救人，法海却把白娘子压在雷峰塔下。滴水之恩，当涌泉相报。我们时时想着感恩，就会时时想着图报。

救死扶伤的孙思邈

有一天，孙思邈到远处去出诊，当他经过一个村口时，正巧看见几个人抬着一副棺材，匆匆地出了村子，后边还跟着几个送葬的人，情景极为凄凉。

孙思邈见棺材抬过来，便站立在路旁观看。当棺材从他身前过去时，他看到棺材缝里还在向外滴血，血的颜色是鲜红鲜红的。

孙思邈清楚地看到这种血色后，不由得思考起来：人死了，血为什么还这样鲜红呢？他根据自己的经验判断，这个人可能还没有死。救人之心驱使孙思邈上前大声问道："棺材里装的是什么人，死了多长时间啦？"

棺材后边一位送葬的年轻农民，看见有人来问，便说："这是我的妻子，半夜里生孩子，遇到难产，快天明时就死了。孩了也没生下来。你问这干啥？"

孙思邈说："我从棺材缝里流出的血色来看，不像死人的血。你让棺材停一下，叫我看看情况，或许还能够把人抢救过来呢！"

在孙思邈的再三说服下，年轻农民才让抬棺材的人把棺材停在大路旁。当他打开棺盖一看，只见一位脸上没有一点血色的年轻妇女躺在棺材中。孙思邈伸出手来，摸摸她的脉搏，果然不出所料，妇女的脉搏还在微弱地跳动着。

孙思邈很快选好了穴位，给她扎了几针，又从药包里取出一点儿药，给她灌进了口里。

这时，大家都用怀疑的眼光看着、等待着，过了一会儿青年妇女生下了一个胖娃娃，在婴儿的哭声中，产妇也慢慢睁开了眼睛了。

大家见孙思邈一下子救活了两条性命，都感到十分惊奇，纷纷称他是神医下凡。

产妇的丈夫看见妻子活了，又安全地生了孩子，紧紧拉着孙思邈的手，说道："我一家三口人，怎么报答你的恩情呀！"

孙思邈说："不必谢我了，赶快把人送回去好好调养。"说罢，便去给远村的病人看病了。孙思邈用高超的医术救活了垂死的母子两人，这种救死扶伤、助人为乐的崇高医德，令人敬仰。

凡事当留余地

凡事[1]当留余地[2]，得意[3]不宜再往[4]。

注释

①凡事：不论什么事，所有的事。凡，所有的。

②余地：空隙的地方，比喻言论或行动中留下的可以回旋的地步。

③得意：满意，感到满足时的高兴心情。

④往：前往，进一步，指继续做下去。

解读

无论做什么事，都应给自己留有余地，如果做得非常好，并且让自己感到得意时，那么，就要感到知足，不应再进一步做下去。

故事链接

中山君有感于礼

中山君是战国时期一个小国的国君。一次，他为了拉拢士大夫，巩固他的统治地位，便请在国都住的士大夫来参加宴会。其中有个叫司马子期的士大夫也应邀赴宴。

酒过三巡，上羊肉汤了，每人一碗，唯独到司马子期座前，羊肉汤没有了。司马子期坐在席间，觉得很难堪，于是大为恼怒，退席而走，投奔楚国，劝楚王讨伐中山君，自己做楚军的向导。楚兵一到，中山君匆匆逃跑了。

在仓惶逃跑途中，有两个手持武器的人，紧紧跟随中山君左右，保护着他。中山君并不认识这两个人，就问："你们是什么人，为什么要保护我呢？"

这两个人回答说："大王您还记得吗？有一年夏天，麦子歉收，我们的父亲饿得躺在大路旁的桑树下边，眼睛都睁不开，马上就要死了。这时您从这儿路过，看到我们父亲的惨状，赶紧下车拿出一壶稀饭，很有礼貌地给父亲喝了，父亲才免于饿死。后来父亲在临终时嘱咐我们说：'中山君救我一命，你们俩要记住，在中山君有难时，一定要以死守卫中山君。'我们俩要与您共患难啊。"

中山君听完后，仰天叹息说："给予人家的东西不论多少，主要是在他真正有困难的时候；失礼得罪人，怨恨不在深浅，在于使人伤心啊。我因为一碗羊肉汤失礼了，结果失掉了国家；因为一壶稀饭救了一个人，在危难之时得到了以死相报的两个人啊。"

李白不敢题诗黄鹤楼

李白是一位伟大的浪漫主义诗人。人们读了"欲上青天揽明月""天生我材必有用"的诗句，在被诗人的浪漫气质打动的同时，会产生一丝李白挺狂傲的感觉。其实，在创作上李白倒是很谦虚的。这话还得从黄鹤楼说起。

黄鹤楼耸立在武昌长江边上，登楼远眺，汉阳城历历在目，鹦鹉洲芳草萋萋。多少诗人被眼前景色所动，诗兴大发，挥毫泼墨。李白原在长安，因高力士等人屡屡向唐玄宗进谗言，才上表辞官，遨游山水。

正值暮春时节，李白在朋友的陪同下，到黄鹤楼游玩。李白凭栏眺望了一回江景，就倒背双手，仰脸阅读楼上的题诗。读了一些，不觉怦然心动，提笔凝思，正待书写，忽然看到崔颢的题诗：

昔人已乘黄鹤去，此地空余黄鹤楼。
黄鹤一去不复返，白云千载空悠悠。
晴川历历汉阳树，芳草萋萋鹦鹉洲。
日暮乡关何处是，烟波江上使人愁。

“唉——”李白感叹一声，说：“崔颢的诗写得太好了。眼前有景道不得，崔颢题诗在上头。”竟搁笔不写了。

李白不敢题诗的消息一传开，武昌城的文人议论纷纷，说：“想不到李白这位笑傲王侯的大诗人，竟然还是一位敢于承认自己不足的谦逊的人啊！”

人有喜庆

人有喜庆[1]，不可生[2]妒忌[3]心。

注释

① 喜庆：值得欢喜和庆贺的，具有欢乐特点的，这里指可喜可贺的事情。

② 不可生：一定不要产生。生，滋生，产生。

③ 妒忌：对别人的长处感到不痛快或愤恨，同时又希望自己具有同样长处。

解读

如果别人有了喜庆高兴的事情时，你应该为他感到高兴，不应该因为别人的快乐而产生妒忌之心，心生妒忌是不对的。

故事链接

甘拜下风

有一年，宋代的钱惟演镇守洛阳，建了一座驿舍。驿舍落成之后，一天，钱惟演邀请好友欧阳修、谢希深、尹师鲁三人为驿舍撰写一篇记文。这三个文人中，当时还顶属欧阳修才华出众、名气大。但欧阳修感到谢希深、尹师鲁写文章一定有值得自己借鉴的长处，于是，他决心抓住这个有利机会去取别人之长来补己之短。

三个文人苦思冥想，终于各成一篇记文。欧阳修主动拿自己的文章与两位好友的文章交流、比较着。谢希深的记文写了700字；欧阳修用500字写成；尹师鲁写的更短，全文才380多字，叙事清晰，结构严谨，遣词造句恰到好处。

“写得好，写得好！”欧阳修拜读尹师鲁的文章，赞不绝口，他心悦诚服，甘拜下风。晚饭后，欧阳修提着一壶酒，诚恳地向尹师鲁讨教。

尹师鲁被欧阳修那种虚心好学的精神深深感动，也就打消了种种顾虑，与欧阳修探讨起写文章的技巧来。他说：“作文最忌格弱字冗，你的文章不错，可就是文字欠简练。”

两位挚友一边饮酒、一边谈论诗文，话一投机，滔滔不绝，直到一轮红日东升，方尽兴而归。欧阳修便按好友讲述的，重新撰文。使这篇文章更完善、精粹，较尹师鲁还少了20个字，真是更上一层楼。尹师鲁赞扬他说：“欧阳修进步真快，真是一日千里啊！”

害人终害己

那是在很久以前，有个君王制定了一条法律。规定所有犯罪的人都必须根据抓阄的结果来决定生死。事先做两个阄，一个写着“生”字，另一个写着“死”字。犯人若是抓到“生”字，立即释放；反之，立即处死。

宰相是个心思不良的人，他瞒上欺下，专横跋扈。谁要是与他作对，他便会想方设法整治谁。他要是看着谁不顺眼，就会在君王面前说谁的坏话，让君王惩罚谁。

君王手下有一位忠心耿耿的大臣，能文能武，治国安邦立下了汗马功劳，不仅受君王的赏识，而且深受百姓的爱戴。宰相很嫉妒他，便在君王面前说他的坏话。

开始君王不相信，但是时间长了，君王也起了疑心，后来干脆听信了宰相的话把这位大臣给关押了起来。

宰相想杀掉这位大臣，除去自己的眼中钉，肉中刺，但如何才能杀死大臣呢？抓阄的时候，万一大臣抓到“生”字，岂不功亏一篑？宰相挖空心思，终于想出一条计策、他诱逼法官，要法官把两个阄儿都写上“死”字，这样大臣就必死无疑。

可喜的是，宰相身边有个心地善良的仆人，宰相的一言一行他都非常清楚。他为这位大臣抱不平，为宰相的丑恶行径感到恶心。他受义气所鼓舞，置生死于不顾，深夜溜进关押所，把宰相收买法官，欲置他于死地的事一五一十地全都告诉了这位大臣。

第二天，大臣被带到法庭上。君王坐在旁边。宰相立在君王身边，嘴角浮现出一丝不易察觉的笑容。法官端过盘子，放在大臣面前，让大臣从盘中抓出一个阄儿。

那位大臣从容不迫地仰头看了一眼宰相，从盘子中摸出一个纸卷，看都没看便放进了自己的嘴里，待君王走过来的时候，他已经把纸卷吞进肚子里去了。

君王没法知道大臣抓的是什么字，只好让法官把剩下的那个纸卷打开。打开一看，是个“死”字，于是判定大臣吞下去的那个纸卷上写的是“生”字。大臣被无条件释放。聪明的大臣终于斗败了狠毒的宰相。

人有祸患

人有祸患[1]，不可生喜幸心[2]。

注释

①人有祸患：别人遇到灾祸的时候。祸患，指灾祸，灾难。

②不可喜幸心：不可以有幸灾乐祸的心理。喜幸，欢喜庆幸，这里指幸灾乐祸。

解读

当别人有了灾祸时，我们应该尽可能地去帮助他，让他感到心安一些，不能够因为他发生的祸患而有丝毫的幸灾乐祸之心，这样的行为是十分可耻的。

故事链接

李白和晁衡的友谊

晁衡原名阿倍仲麻吕，公元698年出生于日本奈良。自小酷爱汉文学。公元717年，正是晁衡19岁的那一年，他被日本朝廷选为留学生，随遣唐使来唐都长安学习。

到达长安不久，晁衡被安置在唐代最高学府太学里学习。太学里集聚着许多富有才华的中外学生，在学习气氛甚浓的环境里，晁衡专心攻读周秦以来的经典，并以优异的成绩，博得了唐朝廷许多学者的青睐。

753年，晁衡任秘书省的秘书监。他在唐期间，正是我国诗人辈出，诗歌创作极为繁荣的时期。李白和晁衡年龄相仿，学识相当。李白十分钦佩晁衡谦虚好学和良好的汉诗修养，二人一见如故，友谊极深。

晁衡在唐生活18年后的753年11月15日，偕同藤原清河等人离长安，经扬州，张帆东归。21日船行至冲绳岛北部，天气骤变，航船遇难，170多人遭难，幸存者仅晁衡、藤原清河等十几人。

消息传至唐朝，大家误以为晁衡也已遇难身死。李白听后，不禁失声痛哭，写了《哭晁卿行》，以志悼念：日本晁卿辞帝都，征帆一片远逢壶。明月不归沉碧海，白云愁色满苍梧。

晁衡等人历尽艰辛，最后又重返长安。以为他已死去的李白及朋友们见他活着回来，欢喜若狂。晁衡自日本来唐至埋骨盛唐，在中国度过了54个春秋，李白与晁衡的友谊至今传为佳话。

1977年5月，东京上演了著名剧作家田义贤编写的、歌颂李白与晁衡，反映中日人民友谊的话剧《望乡诗》，受到民众的喜爱。

荀巨伯舍生取义退胡兵

荀巨伯，汉桓帝时颍川人。这年冬天，荀巨伯冒着严寒，从远道来探视病危的朋友。不巧，赶上胡兵进犯郡城。

荀巨伯远远望见城门大开，乱糟糟的人群，从城里涌出来。一时间，哭天嚎地，甚是凄惨。

荀巨伯愣愣地站在那里。一位匆匆走过来的老人说："兄弟，还不快逃命，胡人就要进城了！"荀巨伯谢过老人，穿过人群，拼命往城里挤。

当他赶到友人家里时，只见友人躺在床上，紧闭着双眼。荀巨伯在友人身边坐下来，不停地呼唤着他的名字。好一会儿，友人才睁开眼睛，见是荀巨伯，颤动着嘴唇说："可把你……盼来了，这不是……梦吧！"说着，二人同时落下泪来。

荀巨伯劝慰了一会儿，友人忽然神色不安地说："你来得太……不是时候了，胡兵就……要进城了，能看上你一眼就……够了，你快走吧！"说完，闭上眼睛，不再言语了。荀巨伯想：我来得太是时候了……

突然，城外传来了喊杀声，由远而近。友人惊恐地睁开眼睛，颤声说："快，藏起来……"话音未落，几把雪亮的大刀，同时对准了荀巨伯。好友吓得昏了过去。

"什么人？还胆敢留在这里！"胡兵怒吼着。

荀巨伯镇静地说："远道而来的中原人，来探望病危的朋友！"

"人都跑光了，难道你就不怕死吗？"荀巨伯从容地答道："中原自古讲仁义。杀戮将死的人，为不仁；见人有难而逃离，为不义。料胡人亦是如此。今我愿舍生取义，望你们成全！请杀了我而留下他吧！”说完，闭上眼睛，等死。

“唰”的一声，几把大刀同时插入了刀鞘，胡兵走出屋去。荀巨伯睁开了眼睛，扑向病友……

胡兵头领得知了这件事，感慨地说：“看来，我们这些不仁不义的军队，是进犯了一个有道德的国度啊！”于是，下令退兵。

荀巨伯义退胡兵，不仅救了友人，也救了全城百姓，人们交口称赞。

善欲人见

善[1]欲人见[2]，不是真善，恶[3]恐人知，便是大恶。

注释

① 善：好的行为、品质。这里指行善，即做好事。

② 欲人见：想要被别人看见。欲，想要，希望。

③ 恶：犯罪的事，极坏的行为，这里指做了坏事。

解读

如果你做了好事，就想让别人看见，那这就不是真正的善人。如果你做了坏事，而怕让别人知道，那这就是真的恶人。

故事链接

徐溥储豆

明代大学士徐溥自幼天资聪明，读书刻苦。少年时代的徐溥性格沉稳，举止老成，他在私塾读书时，从来都不苟言笑。一次塾师发现他常从口袋中掏出一个小本本看，以为是小孩子的玩物，等走近才发现，原来是他自己手抄的一本儒家经典语录，由此对他十分赞赏。

徐溥还效仿古人，不断地检点自己的言行。他在书桌上放了两个瓶子，分别贮存黑豆和黄豆。每当心中产生一个善念，或是说出一句善言，做了一件善事，便往瓶子中投一粒黄豆；相反，若是言行有什么过失，便投一粒黑豆。开始时，黑豆多，黄豆少，他就不断地深刻反省并激励自己。渐渐地黄豆和黑豆数量持平，他就再接再厉，更加严格地要求自己。久而久之，瓶中黄豆越积越多，相较之下黑豆渐渐显得微不足道。直到他后来为官，一直都还保留着这一习惯。

凭着这种持久的约束和激励，他不断地修炼自我，完善自己的品德，后来终于成为德高望重的一代名臣。

知过即改的信陵君

信陵君，名叫魏无忌，战国时魏国魏安釐王的异母弟弟。他在当时和齐国的孟尝君、赵国的平原君、楚国的春申君，都是著名的贵族，被称为“四公子”。

公元前257年，秦国出兵围攻赵国都城邯郸。赵王向魏王请求支援，魏王派出大将晋鄙领兵十万前去救援。但是，魏王慑于秦军的气焰，当魏军行进到半途中，魏王命令晋鄙按兵不动，进行观望。见此，信陵君再三请求魏王下令进兵击秦，魏王不听。

信陵君认为，魏赵互为唇齿，唇亡齿寒，赵国灭亡，必然威胁到魏国。于是他设法说服了魏王的宠妃如姬，窃得了魏王调动军队的兵符。信陵君让勇士朱亥随从自己，带上兵符，假托魏王的命令，杀了大将晋鄙，夺得了兵权，击退了秦军，为赵国解了围。

事后，信陵君也知道得罪了魏王，所以赵国得救后，他让其部将带领军队回魏国去了，他自己和门客留在了赵国。赵孝成王十分感激信陵君假传命令夺取晋鄙的兵权而保全了赵国。私下里，赵王和平原君商议，要把五座城邑封赏给信陵君。信陵君得知此事，内心十分得意，显露出一副沾沾自喜、自以为有功的样子。

有位门客向他进言说："事情有不能忘记的，也有不能不忘记的。人家对您有恩德，您就不应该忘记；您对人家有恩德，希望您忘了它。况且假传魏王命令，夺取晋鄙军队来救赵国，对于赵国来说，您是有功的；对于魏国来说您可算不上忠臣啊。公子您这样自傲地把救赵看作功劳，我私下以为您这样是很不应该的啊。"

信陵君听了门客的这一番话，当即责备自己，惭愧得无地自容。一天，赵王吩咐人洒扫了庭院，宴请信陵君。赵王亲自迎接，行主人的礼仪，请信陵君作为贵宾从西阶上殿。

按古代升堂礼仪，西阶为上首。此时，信陵君侧着身子谦恭地推辞，跟随赵王自东阶而上。坐下后，信陵君连称自己有罪，因为辜负了魏国，对于赵国也没有功劳。赵王陪信陵君喝酒一直到接近黄昏，嘴里始终不好意思说出奉献五城的话，因为信陵君太谦虚了。

后来，信陵君终于留在了赵国。赵王把鄗这个地方送给信陵君为汤沐邑，就是斋戒自洁的地方。魏国也重新把信陵封邑上的赋税收入送归给信陵君。后人对信陵君这种闻过深思，勇于改正的精神也给予了很高的评价。

见色而起淫心

见色[1]而起淫心[2]，报[3]在妻女。

注释

1 见色：看见美貌的女子。色，指妇女的容貌。

2 起淫心：产生了邪念。淫心，邪心，指违反道德的邪念。

3 报：由于做了坏事而应该受到的惩罚。

解读

如果因为看到了美貌的女性而引起了邪心的人，将来会得到报应的，它会体现在自己的妻子儿女身上。所以，不管何时何地，我们都要做一个正派的人。

故事链接

美貌的李夫人

李夫人是西汉著名音乐家李延年、贰师将军李广利的妹妹。兄妹几个都出生在一个平民家庭，唯一不普通的可能就是父母精通音乐，是以乐舞为职业的艺人。

出生在这样一个家庭，不仅李夫人能歌善舞，闻名乡里。就连她的哥哥，也是个中好手。

李延年后来因为犯法而受到腐刑，此后留任宫中。最开始的时候他担任养狗的工作，偶然被汉武帝发现了音乐方面的才能，由此受到汉武帝的宠信。有一次李延年有新作问世，他陪汉武帝起舞，歌曰："北方有佳人，绝世而独立。一顾倾人城，再顾倾人国。宁不知倾城与倾国，佳人难再得。"

汉武帝听了不信，直言这世上哪里有这么漂亮的女子呢？李延年借机向汉武帝介绍了自己的妹妹，后来又有平阳公主举荐，于是汉武帝将李夫人纳入后宫。

汉武帝见李夫人第一面，就为其美貌所折服，加之李夫人能歌善舞，因此很快就受到汉武帝的宠爱。李夫人后来为汉武帝生下昌邑哀王刘髆。红颜薄命，李夫人后来患病不治。汉武帝亲自前往探望，但是李夫人却蒙着被子，不愿意看见汉武帝。

李夫人说："妾如今容颜憔悴，实在不可以面见陛下。但请陛下念在你我二人往日恩情，请对我的孩子和家人多加照顾。"

汉武帝说："既如此，夫人何不见我一面，当面嘱托？"李夫人坚持道："病里容颜憔悴，如今面见陛下是对您的轻慢，实在不敢如此。"汉武帝说："夫人若能见我一面，定授你家人高官厚禄，加赠千金。"

李夫人却不为所动，坚持不见汉武帝。汉武帝哪里有被女人这样直接拒绝过，于是很不高兴，当即拂袖而去。

左右有人劝说李夫人，说她为何不见汉武帝一面，如今反遭了厌弃。

李夫人却说："我本是因为容貌才得陛下宠幸，从卑微到如今的地步。以美色事人者，色衰则爱意松懈，爱懈则恩义断绝。如今陛下还能记着来见我，正是念着往日恩情，记着我昔日容颜。若是让他见到我如今的模样，也许一时怜惜，但也再没有以后了。"

只能说李夫人猜心奇准，虽然汉武帝当时拂袖离去，但是在李夫人去世之后，却还是对她念念不忘，让画师将其画下来挂在甘泉宫。因为李夫人的缘故，汉武帝任命李夫人的兄长李广利为贰师将军，封海西侯，李延年为协律都尉。

花心的刘骜

班婕妤的丈夫是西汉成帝刘骜。班婕妤出身于一个将门世家，但她并不会舞刀弄枪，而是自幼学习诗书，才学过人，精通音律，能写词填曲。16岁时，班婕妤进宫，成为了一名少使。

刘骜好色又花心，偶然一次见到班婕妤简直惊为天人，当即就召幸了她，并将其封为婕妤。班婕妤之美是高贵而文雅的美，刘骜的后宫鲜少有这类气质的美人，因此班婕妤一入了刘骜的眼，立刻就得到了宠爱。

刘骜是皇帝，不可能每天都腻在后宫，但他又不想与班婕妤分开，思来想去，他命人制作了一辆双人辇车，以便于两人同坐出游。当他把这一"惊喜"摆在班婕妤面前的时候，他幻想的是班婕妤会眼冒星星，更加崇拜于他，谁知班婕妤却拿出一番大道理来劝说他。

扫兴的同时，刘骜又不好朝班婕妤发火，因为他发现班婕妤讲的其实很有道理。班婕妤就是这样一个美人，她美则美矣，心思却不坏，一门心思劝刘骜把心思放在朝政上，劝刘骜一定要当一个好皇帝。

有了美人的鼓励加油，刘骜浑身充满了干劲，处理起国事来也格外有动力。班婕妤因此而得到前朝和后宫的一致赞扬，刘骜的生母王太后也对她称赞不已，还将班婕妤与春秋战国时期的樊姬相提并论，夸奖班婕妤把他的儿子照顾得很好，是一个很好的贤内助。

不过，时间久了，刘骜就有些烦腻了，他天天处理国事，班婕妤却好似不懂风情，也不知道多陪陪他。这么一想，他决定出宫透透气，最后就去到了阳阿公主府上，见到了风情美艳的舞女赵飞燕。

和班婕妤比起来，赵飞燕又是另一种美，飞燕之舞热烈似火，看起来像是仙子，一下子就勾起了刘骜的兴趣！就像当年的卫子夫一样，赵飞燕在公主府遇到了皇帝，被皇帝宠幸以后，进入了皇宫，后来还当上了皇后。

赵飞燕从舞女到皇后，说她没心机这是不可能的。她先是把自己的妹妹介绍给刘骜，后来和妹妹联合起来陷害许皇后和班婕妤。最后，许皇后被废，班婕妤却证明了自己的清白。经过这件事以后，班婕妤不愿再涉足深宫后院的争斗，她主动退出，搬到长信宫侍奉王太后。

刘骜有了赵氏姐妹的陪伴，倒是忘记了曾经的班婕妤了，因此班婕妤也乐得清静。只不过，偶尔回想起自己的遭遇，班婕妤内心还是愤愤不平和充满忧伤的，她觉得自己就像是秋天被抛弃的扇子，便作诗赋以自伤悼，这就是著名的《团扇歌》。

匿怨而用暗箭

匿怨[1]而用暗箭[2]，祸延[3]子孙。

注释

1 匿怨：对人怀恨在心，隐藏起来对别人的怨愤和不满。
2 暗箭：从暗地里射出的箭，比喻暗中伤人的手段。
3 祸延：灾祸蔓延。延，蔓延，扩展。

解读

那些怀恨在心而暗中伤害别人的人，他的行为是十分可耻的，也是会令人唾弃的，同时，也将会为自己的子孙留下祸根。因此，我们无论何时都应该做一个正直的人。

故事链接

公孙子都暗箭伤人

公元前712年，春秋争霸时期。郑庄公先是打败了宋国，后来又吞并了戴国，整个军队士气高涨。于是郑庄公决定一鼓作气再攻取许国。

许国是个小国，方圆30公里左右，但其地理位置非常优越，所以郑庄公决定将其并入自己的版图。

这年五月，郑庄公在宫殿前进行了声势浩大的阅兵。郑庄公令人制作了一辆非常漂亮的战车，在战车上插了一面方一丈二尺，旗杆长三丈三尺，缀有24个金铃的蝥弧大旗。郑庄公说，谁能手执大旗，行走如常，谁就是先锋官，同时这辆战车就归谁所有。

郑庄公话音刚落，从阵营里走出一员大将，头带银盔，身穿紫袍金甲，生得黑面虬须，浓眉大眼，他叫暇叔盈。只见他拔下大旗，迎风挥舞了几下，脸不红，气不喘，然后把大旗插在车上，军士看毕一阵喝彩。暇叔盈得意扬扬地高喊："驭手何在？为我驾车！"

这时军中又走出一员大将，头带雉冠，身穿绯袍犀甲，大叫："且慢，我也能舞之。"众人一看，原来是大夫颍考叔。只见他左手撩衣，右手拔起那旗，跃身一跳，顺势打个转身，左旋右转，如长枪一般，将大旗舞得呼呼作响。那面旗卷而复舒，舒而复卷，观者轰然叫好。

庄公大喜说道："真是虎臣啊！应当为先锋。"话没说完，军中又走出一员少年将军，头带束发紫金冠，身穿织金绿袍，指着颍考叔大喊道："你能舞旗，我也会舞，把战车留下！"

颍考叔见他来势凶猛，一手举着旗竿，一手驾着车辕，飞也似地跑了。那少年将军手执一柄方天画戟就追，庄公忙让人叫住。那少年将军叫公孙阏，字子都，是当时有名的美男子，而且武艺超群，深为郑庄公器重。

公孙子都回来后，庄公夸奖他说："你也是个勇士，不过二虎相斗，必有一伤，寡人自有区处。"说完，他让人另取来好车好马赏赐给了公孙子都和暇叔盈。公孙子都虽然获得赏赐，仍然对颍考叔怀恨在心。

七月，郑庄公联合齐国、鲁国一起讨伐许国。郑庄公令颍考叔做主帅，子都为副帅，带领三国兵马浩浩荡荡杀向许国。

当时的许国国君许庄公率领将士、百姓死守城池，怎奈郑、齐、鲁三国兵将三面夹击，形势岌岌可危。

到城被围的第三日午后，在郑国兵将的猛攻之下，郑大夫颍考叔手执郑庄公大旗，不避刀矢，奋力登上许国城墙。公孙子都眼看颍考叔就要立下大功，心里更加忌妒起来，便抽出箭来对准颍考叔就是一箭，只见这位勇敢的老将军一个跟斗摔了下来。

另一位将军瑕叔盈还以为颍叔考是被许国兵杀死的，连忙拾起大旗，指挥士兵继续战斗，终于把城攻破。郑军全部入了城，许国的国君许庄公逃亡到了卫国。

郑庄公攻下许国都城后，看到颍考叔是背后中箭而亡的，便怀疑是自己人下的黑手。于是庄公让所有参加攻打许国的将士，拿出猪、狗、鸡等祭品，由巫师领着一起诅咒射死颍考叔的凶手。

诅咒三日之后，郑庄公率领诸位大臣去颍考叔灵前祭奠。葬礼结束，郑庄公故意将那辆颍考叔用过的战车移交给瑕叔盈。公孙子都原以为颍考叔死后，郑庄公会将战车转赠给自己，却不想郑庄公将其赠给了比自己地位低的瑕叔盈。

公孙子都大叫不服，没想到郑庄公狠狠地将一支箭扔在公孙子都面前。公孙子都拾起一看，脸瞬间变白，原来此箭正是自己射杀颍考叔的那一支箭，上面尚沾有已经变黑的血迹。公孙子都见事已败露，只好抽剑自杀了。

李林甫口蜜腹剑

唐玄宗时代，李林甫任兵部尚书兼中书令，这是相当于宰相的职位。此人若论才艺倒也不错，能书善画，但其品德败坏，忌贤妒能，凡才能比他强、声望比他高的人，权势地位和他差不多的人他都不择手段地排斥和打击。

对唐玄宗，他却有一套讨好卖乖的本领。他竭力奉承玄宗，并且采用种种手法，讨好玄宗宠爱的妃嫔以及心腹太监，取得他们的欢心和支持，以便保住自己的地位。

李林甫和人接触时，外貌上总是露出一副和蔼可亲的样子，嘴里尽说些动听的“善意”言语。但实际上，他的性格非常阴险狡猾，常常两面三刀，暗中害人。例如有一次，他装作诚恳的样子对同僚李适之说：“华山出产大量黄金，如果能够开采出来，就可大大增加国家的财富。可惜皇上还不知道。”

李适之信以为真，连忙跑去建议玄宗快点开采。玄宗一听很高兴，立刻把李林甫找来商议，李林甫却说：“这件事我早知道了。但华山是帝王风水集中的地方，怎么可以随便开采呢？别人劝您开采，恐怕是不怀好意。我几次想把这件事告诉您，只是不敢开口。”

玄宗被他这番话所打动，认为他真是一位忠君爱国的臣子，反而对李适之大不满意，逐渐对他疏远了。就这样，李林甫凭借这套特殊“本领”，一直做了19年宰相。

李林甫专权的十几年中，李唐王朝政治上日益黑暗，各种矛盾尖锐，开元盛世急剧转变成了天宝末年的经济、政治危机。

宋朝史学家司马光评价李林甫“口有蜜，腹有剑”，意思是说他嘴上说话甜蜜，心里却阴险狠毒、暗箭伤人。后来这句话演化为“口蜜腹剑”的成语流传下来。

家门和顺

家门和顺[1]，虽饔飧[2]不济[3]，亦[4]有余欢[5]。

注释

1. 家门和顺：家庭和睦。和顺，和睦，和乐，顺当。
2. 饔飧（yōng sūn）：早饭和晚饭，这里指饭食。
3. 不济：差，不好。济，补益。
4. 亦：也，表示同样、也是的意思，副词。
5. 余欢：充分地欢欣。余，剩下来的，多出来的。

解读

在日常家庭生活中，始终都应保持一片祥和平安的景象，也许这个家庭并不富裕，也会因为缺少食物而感到担心，但是每个人会因为拥有乐观的精神而觉得快乐。

故事链接

孝顺的谢蔺

谢蔺，字希如，陈郡阳夏人。在他五岁的时候，有一天，他爸爸外出办事，很晚也没回家，他就跑到大门外，一直等到深夜，爸爸回来了才一起进餐。

后来，他家里请了先生教他读书写字。先生教给他经史典籍之书，他看过一遍就全都记住了。不久，谢蔺的父亲因病去世，谢蔺十分悲痛。

他妈妈见他这个样子，就劝慰他说："你不能总是这么伤心。要是你听爸爸的话，就要好好读书，有了本事才能帮我养活一家人。"

听了妈妈的话后，谢蔺常常夜伴孤灯，手不释卷，学业逐日精进。由于他很有声望，当时的吏部尚书萧子显让他做了地方官员。公元547年，谢蔺迁任散骑侍郎、散骑常侍，出使于东魏。

不久，谢蔺的母亲病逝。谢蔺星夜赶回家乡，抚棺痛哭，竟至昏厥过去，人们抢救了很久才苏醒过来，却水米不能入口。亲友纷纷劝他喝几口薄粥。谢蔺起初勉强喝了一点儿，可不久就喝不下去了。过了一个多月，他就去世了，时年38岁。

卞庄子采蜜伺母

卞庄子出生在春秋时代的鲁国卞邑，他不仅是一位英勇的壮士，而且还是一位德行很高的人。没有出外做官的时候，卞庄子家住在卞桥东北十几里的蜂王山下。蜂王山上有一窝非常大的蜂群，它们经常成群地到窝外袭击人畜，人们惧怕蜂蜇，都不敢上山打柴、打猎。

有一次，卞庄子的母亲得了重病，疾病折磨得老人饭吃不香，觉睡不着。母亲得病后，急坏了卞庄子。他天天伺候母亲，在病榻前喂水喂药，端屎端尿，从不厌烦，还想尽一切办法为母亲做好吃的。老人在卞庄子的精心照料下，病减轻了许多。

有一天，卞庄子到母亲床前问安说："母亲，今天您想要吃点什么呢？"

"娘的嘴里总是觉得苦，想吃点甜的！"母亲有气无力地说。

卞庄子为难了："方圆数里，只有蜂王山蜂巢里的蜜是甜的，别的食物都不甜，怎么办呢？"

"既是这样，我儿就不必发愁了！"母亲躺在床上安慰儿子说，"我只不过说说而已，其实不吃也行。"

卞庄子立即从母亲床前站起来说："娘，您放心，孩儿一定给您割来蜂王山的蜂蜜，让您老人家吃到！”说罢，扭头就走了。

“不！孩子，你不能去！”母亲从床上伸出瘦骨嶙峋的手来制止儿子，“我听说，蜂王山的蜂可毒啦，你要被蜇坏的！”

卞庄子安慰说：“母亲放心，孩儿晓得，我一定要弄来蜂蜜！”说完，就背上筐子，拿起柴刀，不顾一切地向蜂王山冲去，荆条划破了他的手指和衣衫，他全然不顾。

进了蜂王山，一个硕大的蜂巢附在山石上，群蜂铺天盖地向卞庄子袭来。卞庄子扑通跪倒在山坡上：“尊敬的蜂王啊！请可怜可怜我病重的母亲吧！她想吃点蜂蜜！”

群蜂像是听懂了卞庄子的话似的，向四面八方飞散而去。卞庄子连连道谢：“谢蜂王殿下赏蜜！”

他从腰间拿出柴刀，从巨大的蜂房里割了一块蜜，然后离开了蜂巢。卞庄子到家的时候，天已经黑了。母亲正惦记着儿子的安危，没想到他平安回来了。

卞庄子一进门就说：“娘！我去了蜂王山，向蜂王为您讨了蜜，您快吃一点吧！”

他用汤匙为母亲舀了一勺蜜，送到母亲嘴里，母亲吃在嘴里，甜在心里。蜂蜜滋补了母亲的身体，母亲的病渐渐好了。卞庄子不顾危险为母亲割蜜的故事在泗水卞桥一带流传下来，他赢得了人们的尊敬。

国课早完

国课[1]早完，即囊橐[2]无余[3]，自得至乐[4]。

注释

①国课：犹国赋，也就是国家的赋税。出自明朝张纲孙的《苦旱行》。

②囊橐（náng tuó）：口袋，借指粮仓、粮库。

③余：剩余，指剩下来的，多出来的。

④自得至乐：自己觉得开心、高兴得很。至，极、最。

解读

要尽快向国家缴完赋税，这是你应该尽的一份责任，即使在你缴完赋税后，口袋变得所剩无余，也会觉得得意、开心的。

故事链接

弦高犒师救国

公元前628年的春天，驻在郑国的秦国使臣杞子呈给秦公一封密信，信上说郑国对秦国没有防备，建议秦公去偷偷袭击郑国。秦公见信很高兴，派大将孟明视、西乞术、白乙丙等率领300辆兵车去偷袭郑国。

秦国军队出发了，一路上耀武扬威、骄横无礼，经过洛阳北门时，许多老百姓都知道郑国要大难临头了。可是，远在千里之外的郑国君王还蒙在鼓里呢。

当时，郑国的商人弦高，正准备贩卖皮货和耕牛到洛阳。走着走着，迎面跑来一位从秦国回来的郑国人，他慌慌张张地对弦高说：“不好啦！秦王派军队来袭击咱们郑国了。”

弦高吃了一惊，他想：“现在郑国没有任何打仗的准备，这有多么危险啊，我必须想办法拖住敌人，争取时间，让郑国早做准备。”

于是，弦高当机立断，告诉老乡赶紧给郑伯报信儿，自己扮作郑国的使臣。从货架上取出四张上等的牛皮，然后又从牛群中挑出12头体大肉肥的牛，挡住了秦军的去路，镇定自如地说：“请通报孟明视将军，说郑国使臣弦高求见。”

前哨士兵回去一通报，孟将军大吃一惊，催马走过来，见弦高衣冠整洁，神色坦然，知道来者不凡，他彬彬有礼地问：“贵国使臣找我有什么事吗？”

弦高镇定地施了一礼，说：“我们国君听说您要路经我国率领军队去远征，这是一件很辛苦的事，特意让我带上几张皮革和几头肥牛慰劳您和与您同来的将士。咱们两国是互驻使臣的友好国家，我国虽然不太富足，但也特意为您及随从驻扎休息做好了准备，如果驻一天的话，给你们准备好了粮食柴草；如果你们不停留一天，仅驻一夜的话，为你们安排好了夜晚的守卫哨兵。”

秦国军队一听郑国有防备，就收下了弦高的见面礼，在滑国驻了下来。弦高与秦国将士一边周旋，一边想办法找到在滑国的郑国使臣，通过传递信件的驿站，派人骑马飞速把情况报告给郑伯。

郑国的郑穆公接到驿站传来弦高犒师的情报，赶紧召集大臣商讨战事。军队将士为了迎战整理了行装，磨好了兵刃、喂饱了战马，备好了战车，全国上下，严阵以待。然后，郑穆公派人到秦国使臣居住的地方劝他们离开郑国。杞子知道事情不妙，仓惶奔向齐国。

再说，秦国军队一连在滑国住了几日，孟明视说："郑国已经做好了战斗准备，偷偷袭击是不行了，正面进攻呢，也不一定取得胜利。如果用300辆兵车围住郑国，距离秦国路太远，时间长了，粮草接济有困难。我们还是不要攻打郑国了吧！"就这样，一场眼看要国亡家破的灾祸，被爱国商人弦高机智、勇敢地挽救了。

辛弃疾勇敢抗金

公元1161年的一天，在郓州通往金朝军营的山路上，只见两团黄尘滚滚向前。一匹马载着一个和尚模样的人在前面飞跑，后面一个英俊的年轻人策马紧追。

终于追上了，和尚慌了手脚，满脸堆笑地对年轻人说："我兄貌似青兕，勇猛过人，还望看在往日情份，饶我一回。"年轻人毫不理会，怒睁双目，挥剑将和尚斩于马下。

这个年轻人，就是南宋著名爱国词人辛弃疾。他成长于金人的统治之下，金朝统治者推行的一系列种族歧视政策给广大人民带来的深重苦难，深深刺痛了他的心，使他从小就对这种野蛮的民族掠夺痛恨之极。

辛弃疾的祖父辛赞虽作金朝小官，但没有忘怀祖国，经常对辛弃疾进行爱国主义教育。所以，辛弃疾很早就立下了恢复中原，统一祖国的壮志。为此，他勤奋读书，刻苦锻炼，二十几岁便文才出众。

在辛弃疾22岁那年，金主完颜亮带领大军，南下侵宋，金军后方空虚，中原地区的英雄豪杰趁机"屯聚纷起"进行反抗。

辛弃疾也毅然投笔从戎，组织起二千多人的队伍参加了耿京领导的农民起义军，并以其文才当上了起义军的“掌书记”。掌管起义军的大印和书檄文件。

为了扩大力量，辛弃疾说服了一个叫义端的和尚，带了一千多人马来投耿京。不料义端不怀好意，在一天晚上偷了起义军的大印逃奔济南投降金人去了。

辛弃疾得知消息后，怒火从心起，立即骑上耿京的乌龙马去追义端，果然，在半路上截杀了义端，夺回了印信。辛弃疾以自己的行动，在义军中赢得了威望。

义军在发展，而辛弃疾却忧虑地看到，义军人数虽有二十多万，但由于是孤军作战，又缺少训练，一旦与金军铁骑进行大战，势必难以取胜。因此辛弃疾劝导耿京南归宋朝，和官军共同抗金。

耿京采纳了这一建议，并派辛弃疾代表义军去和宋朝联系。任务顺利完成，辛弃疾立刻策马北归，要把这一好消息向耿京传述。不料，行至海州一个惊人的消息传来。

在敌人的诱降政策挑动下，义军中发生了哗变。叛徒张国安杀了耿京，劫持义军投降了金人，并被封为济州的州官。听到这一消息，辛弃疾怒火中烧，他决心除掉叛贼为耿京报仇。

辛弃疾带了50名勇士，快马加鞭直奔济州张国安的营帐。他看见张国安同金将正在宴席上喝酒作乐，气得眼睛都红了。他们趁其不备一拥而上，以迅雷不及掩耳之势杀了金将，把张国安捆绑在马上，同时向其部下声言，朝廷10万大军随后即到。张国安的部下不少是义军旧部，所以当场就有上万人起来反正。

于是，辛弃疾等押着张国安，率领这上万人马，迅即掉头南下，一路上战胜了金兵的围追堵截，终于回到了南宋。

读书志在圣贤

读书志[1]在圣贤[2]，非徒[3]科第[4]。

注释

1 圣贤：圣人与贤人的合称，指品德高尚，有超凡才智的人。

2 志：志向，志气，指目标和理想。

3 非徒：不仅仅，不只是。徒，只，仅仅。

4 科第：指科举考试，因科举考试分科录取，每科按成绩排列等第。

解读

我们之所以要多读圣贤书，目的是为了学习圣贤为人处世的行为与方法，而不只是为了参加科举考试求得好名次。

故事链接

画荻教子的故事

那是在北宋的时候，有个杰出的文学家和史学家名叫欧阳修。在欧阳修出生后的第四年，父亲就离开了人世。于是，家中生活的重担，全部落在欧阳修的母亲郑氏身上。

为了生计，母亲不得不带着四岁的欧阳修从庐陵来到随州，以便得到住在随州的欧阳修叔父的照顾。欧阳修的母亲郑氏出生于一个贫苦的家庭，只读过几天书，但却是一位有毅力，有见识，又肯吃苦的妇女。她勇敢地挑起了持家和教养子女的重担。

欧阳修很小的时候，郑氏就不断给他讲如何做人的故事。每次讲完故事，郑氏都要把故事做一个总结，让欧阳修明白其中做人的道理。她特别教导孩子：做人不可随声附和，不要随波逐流。

欧阳修稍大些，郑氏就想方设法教他认字。她先是教欧阳修读唐代诗人周朴、郑谷的诗作以及当时流行的的九僧诗。尽管欧阳修对这些诗一知半解，但他对读书的兴趣却日益增强。

眼看欧阳修就到了上学的年龄。郑氏一心想让儿子读书，可是家里穷，买不起纸笔。

郑氏眉头紧锁。有一次，她看到屋前的池塘边，长着类似芦苇的荻

草，突然想到：用这些荻草秆在地上写字，不是也很好吗？于是，她用荻草秆当笔，铺沙当纸，开始教欧阳修练字。

欧阳修按照母亲的教导，在地上一笔一画地练习写字。他反反复复地练，错了再写，直到写对写工整为止，一丝不苟。这就是后人传为佳话的“画荻教子”。

幼小的欧阳修在母亲的教育下，很快爱上了诗书。他每天勤写多读，知识积累得越来越多。因此，他很小时就已经很有学问了。

程门立雪

宋代的程颐、程颢兄弟二人，以才学深得世人称誉。天下好学之士都来求教，一时学者云集，门庭若市。杨时在青少年时，就非常用功。后来中了进士，但他不愿做官，继续访师求教，钻研学问。

杨时先是拜程颢为师，学到了不少知识。四年后，程颢去世了。杨时为了继续学习，又拜程颐为师。这时候，杨时已经40岁了，但他对老师还是那么谦虚、恭敬。

一天，杨时为找老师请教一个问题，约同学游酢一起去程颐家。不巧，程颐正在休息。他们便站在门外等老师醒来。不一会儿，天上下起了鹅毛大雪，杨时和游酢冻得直打寒战，却不敢进屋躲一躲，怕把老师惊醒。

程颐醒了，知道杨时和游酢在门外雪地里等了好久，便赶快叫他们进来。这时门外的雪，已经积了一尺多厚。杨时这种尊敬老师的优良品德，一直受到人们的称赞。后来他成为一位知名的学者。

为官心存君国

为官[1]心存君国[2]，岂计身家[3]。

注释

1. 为官：身为官吏。这里指在朝廷做官，当官。
2. 心存君国：心里要想着国君和国家。君国，君主和国家。
3. 身家：对自身和家庭的合称。身，自身。家，家庭。

解读

作为一个官吏，始终都要有忠君爱国的思想，同时，要为国家的强大而不断地努力，又怎么可以不断考虑自己和家人的享受呢？

故事链接

忠心爱国的周公

周公，姓姬，名旦，是周文王第四子，武王的弟弟，我国古代著名的政治家。他曾两次辅佐周武王东伐纣王，并制作礼乐，天下大治。因其采邑在周，爵为上公，故称周公。

在周文王时，他就很孝顺、仁爱，辅佐武王伐纣，封于鲁。周公没有到封国去而是留在都城，辅佐武王，为周安定社会、建立制度。周公唯恐失去天下贤人，为了接待贤士洗一次头时，曾多回握着尚未梳理的头发；

吃一顿饭时，亦数次吐出口中食物，迫不及待地去接待贤士。

周公无微不至地关怀年幼的成王。有一次，成王病得厉害，周公很焦急，就剪了自己的指甲沉到大河里，对河神祈祷说：“如今成王还不懂事，有什么错都是我的。如果要死，就让我死吧！”

后来，成王的病果然好了。周公摄政七年后，成王已经长大成人，于是周公归政于成王，自己回到大臣的位子。后来，有人在成王面前进谗言，周公害怕了，就逃到楚地躲避。

不久，成王翻阅库府中收藏的文书，发现在自己生病时周公的祷辞，为周公忠心为国的品质感动得流下眼泪，立即派人将周公迎回来。周公回周以后，仍忠心为国家操劳。周公辅佐武王、成王，为周王朝的建立和巩固做出了重大贡献。

范滂扬善惩恶

范滂字孟博，后汉汝南征羌人。他年小时就清高有气节，为州里人所钦佩。当他任冀州清理地方的官员时，正赶上冀州年成不好，盗贼群起，于是他立下了扬善惩恶，澄清天下的志向。

他到了冀州不久，皇帝下诏检举坏人。范滂上奏检举刺史、二千石级的豪门党徒20多人。尚书责怪他检举的人数太多，怀疑他有公报私仇的嫌疑。

范滂说："我所检举的人，都是罪大恶极、深为民害的人。还有一些，正在了解审查呢。我听说过：农夫去草，嘉谷必茂；忠臣除奸，王道以清。假如查出我有什么私心，我甘愿受最严厉的刑罚。"

但负责此事的官吏并不认真对待范滂的检举。范滂看出这种办法行不通，于是借故离开这里。太守宋资早就听说范滂的为人，于是他就请范滂当功曹，委任他办理政事。

范滂到任后，严肃认真，把不讲孝悌、不讲仁义的人，都扫除斥逐，把清明有气节的人，从陋室穷巷中提拔出来。

范滂有个外甥叫李颂，是个公族子孙，不为乡里所重视。他托人找到了宋资，宋资批准他当吏。范滂知道李颂不是正派的人，就压下太守的批示，不通知他来。太守迁怒到书佐朱零身上，就说朱零耽误了公事，责打朱零。

朱零仰脸向太守说："这是范滂的高明裁决，他说我能办事。今天我宁可让你打死，也不能违背范滂的吩咐。"

因此，太守只好不用李颂了。由于范滂为人正直，惩恶扬善，得罪了一些人，结果他受诬陷入狱。狱吏让他像其他犯人一样，祭祀皋陶（行贿送礼）。他说："皋陶是古代贤明正直的人，知道我无罪，会替我申辩的，如果我真有罪，祭祀他又有什么用呢？”

其他犯人也向他学，从此终止了这件事。在狱期间，他自比伯夷、叔齐，合理申辩但绝不向权贵低头，最后终于获释。范滂正直无私的高尚品格，感动了很多人。

建宁二年，冤狱又起。上边派督邮吴导来抓他。吴导把自己关在驿馆，抱着诏书大哭却不愿去抓范滂。县令郭揖宁愿辞官不作，也不抓他。最后，范滂为不连累他人，主动入狱。临行告诫自己的儿子，要以自己为榜样，终生为善，绝不做恶。

范滂以其正直无私的为人，惩恶扬善的业绩，而光耀千秋，名垂青史，永为后世楷模。

守分安命

守分安命[1]，顺时[2]听天，为人若此，庶乎[3]近焉。

注释

❶守分安命：安守本分。守分，安分，守本。

❷顺时：顺应时代潮流，顺应自然发展的变化。

❸庶乎：几乎，差不多，将近。出自唐朝柳宗元《非国语上·问战》："刿之问洎严公之对，皆庶乎知战之本也。"

解读

我们应该守住本分，顺应时代潮流以及自然发展变化，然后努力地工作生活，上天也自会有安排。如果我们能够这样做人，那就能够和圣贤做人的道理相合了。

故事链接

司马光典地葬妻

那是在公元1086年9月，在山西闻喜县南旧夏县涑水乡竖起了一块高大的墓碑，上面刻着"忠清粹德"四个大字，墓碑后面静静长眠着的是当朝宰相、史学家司马光。

司马光为官近40年，大部分时间是在中央任职，官职不低，俸禄也不少，本可以拥有万贯家财，富甲天下，但他一生戒奢戒侈，清俭廉洁，他的美德被人们万古传颂。

熙宁元丰年间，司马光离开京都，身居洛阳，潜心著书，后来完成了光辉著作《资治通鉴》。

洛阳为北宋西京，王公大族很多都住在这里，因此到处可以见深宅大院、亭台楼阁。有的园宅建得富丽堂皇，气势恢宏，飞檐斗兽，华丽无比。而司马光住在洛阳西北数十里处的一个陋巷中，只有几间避风雨的茅檐草舍。一到三九寒天，北风呼啸，茅檐多被风卷去，室内冷气袭人；盛夏，又酷热难熬。

一年冬天，大雪纷飞，天寒地冻，北风狂吼，一般有钱人家都得生火取暖，而司马光家竟连一盆炭火也没有，屋里寒气逼人。

这时，一位远道而来的客人慕名拜访司马光，在“客厅”里，宾主落座，热情交谈。谈了一会儿，因室内寒冷，冻得客人瑟瑟发抖。司马光感到很抱歉，只好吩咐下人熬碗姜汤给客人去寒。客人喝了姜汤，自然身体暖和了一些，又叙谈一阵，起身告辞。

后来，这位客人又去拜访范镇。范镇家中，不仅有炭火取暖，而且摆上丰盛的酒菜，宾主频频交杯，消寒去冷。前后对比，客人便提起了拜访司马光的事，感到司马光对人冷淡。

范镇听了，认真地说：“不，你不了解他。他一向崇尚俭朴，不喜欢奢华。不是对你冷淡，我到他家也一样。平日，他自己连一杯姜汤也不喝呢！”客人听了十分感动。

后来，司马光想了个办法，解决了房屋“夏不避暑，冬不避寒”的问题，他在房中挖地砌砖，修了个地下室。因此，当时的西京人流传这样一句话：“王家钻天，司马入地。”

司马光为官正派，一生忧国忧民。他看到北宋人民卖儿卖女，无以为生，宗亲贵臣之家却花天酒地，挥霍无度，十分憎恶。他认为，“府库之财，民之膏血”，必须节用开支，以舒民力。

嘉祐八年，宋仁宗向大臣们赏赐财物，金银珠宝、丝绸绢帛，光彩夺目。大臣们个个乐不可支，有的还觉得皇上给的少。司马光见此情景，十分反感，于是上书皇上，指出国家正处多事之秋，“民穷国困，中外窘迫”，表示不接受赏赐，他把所得珠宝交给谏院作为办公费。

司马光为人心地善良，经常用俸禄周济穷困的亲戚朋友。有一个叫庞籍的人，死后遗下孤儿寡母，生活无着落，非常可怜。司马光便将他们接到家中，待他们如同自己的父母兄弟，使周围的人深受感动。后来，他的妻子故去了，他竟连安葬妻子的钱也拿不出，只好把仅有的三顷薄地卖掉，安葬了妻子。这就是人们传颂的司马光“典地葬妻”的故事。

司马光不仅自己一生节俭，他还特别重视教育子女勤俭。他写一篇《训俭示康》一文教育儿子司马康，必须养成俭朴习惯。他说：“衣服能以蔽寒，吃的能够充饥就可以了。许多人以奢侈豪华为荣，我独以俭朴为美德。”

司马光还引鲁国的大夫御孙的话说：“俭是一切美德的基础，奢侈是万恶的根源。”他引申解释说：“凡是俭朴的人私欲就少，有地位的人私欲少，就不会被五光十色的物质所诱惑，就能走光明正大的道路，一般的人私欲少，就能够自身谨慎，节俭花费，避免犯罪，发家致富。所以说，俭是一切美德的基础。奢侈，就私欲多，有地位的人私欲多，就会贪图富贵，离开正道招来祸患；一般的人私欲多，就会多取滥用，败家丧身。因此当官必然受贿，当平民必然偷盗。所以说，奢侈是万恶的大根源啊。”

司马光以其高尚道德赢得了崇高的威信，被誉为“真宰相”。田夫野老，妇人孺子，都知道有个司马相公。

宋哲公继位以后，司马光被召回京师。听说司马相公要从洛阳回来了，人们几乎倾城出动，都要亲眼看一看这位“大人”。史书记载当时的情景是：“都人叠足聚观，致马不能行。有登楼骑屋者，瓦为之碎，树枝为之折。”人们都以亲眼目睹司马光尊容为一生荣幸。

司马光晚年，年老体弱，他的好友刘贤良要用50万钱买个女婢供他使唤，司马光当即复信谢绝，说：“吾几十年来，食不敢常有肉，衣不敢有纯帛，多穿麻葛粗布，何敢以五十万市一婢乎?”

司马光的俭朴德行对后辈影响很大，他的儿子司马康做官以后，也像父亲一样节俭朴素，被称为“为人清廉，口不言财”的一代廉士。

“瘦羊博士”甄宇

东汉年间，有个叫甄宇的人，他祖居安丘县，在京城洛阳的太学里担任教学博士。甄宇为人憨厚，谦恭礼让，受到人们的称赞和尊敬。有一年的年底，皇帝派人来到太学，向大家宣读皇上的诏书。诏书的内容是说：

你们大家都很辛苦，现在赐给博士们每人一只羊，带回家去，欢欢乐乐地度过一个年节吧！

博士们见到羊，个个都非常高兴。可是羊只大小不等，肥瘦也不一样。这下可使太学的长官犯愁了，采取什么办法来分发这些羊呢？想来想去，也不知道如何是好。于是，他把博士们都召集起来，让大家一起商量。

博士们看到这种情形，便纷纷想办法，出主意。有人主张把羊统统杀掉，把肉平均搭配每人一份。有人主张用投钩的办法，即抓阄的方法，把大小肥瘦的羊编上号，就凭个人撞运气。大家七嘴八舌，嚷嚷了半天，也没有人拿出一个好办法。

站在一边没有吱声的甄宇觉得杀羊分肉、是很羞耻的事情。于是，他向大家说："大家就不要争吵了，我看还是大家各牵走一头吧，我先牵一头去。"

说着，甄宇走向了羊群。听他这么一说，大家都一齐用好奇而又怀疑的目光注视着甄宇。只见甄宇走到羊群中，挑了一只最小又最瘦的羊牵了出来。

大家看到这种情形，谁也不再争执了，于是纷纷你谦我让，争着挑小的、瘦的，各自牵上一只羊，高高兴兴地回家了，免去了无谓的关于肥羊、瘦羊的争执。

这件事很快传开了。大家纷纷赞扬甄宇，还给他取了个带有善意的别号，叫他"瘦羊博士"。后来，皇帝也知道了这一回事，于是征召甄宇，升任为太子少傅。

读后感

最近我读了《朱子家训》。读后才知道这是一本以修身齐家为宗旨的家庭道德教育为主的作品，感觉其中有很多话大有道理，使我很受启迪。特别是作品里有关家风的问题，让我很有同感，引起了我童年的回忆。

家庭是我们从小生活和成长的环境。环境给一个人的影响，除了有形的模仿以外，更重要的是无形的塑造。我认为这种无形的塑造就是家风。在家风的潜移默化熏陶下，我们都处于无形的变化中。是环境塑造了人，并伴随着我们健康成长。

小时候，我记得爸爸、妈妈整天忙着在外工作，他们就把抚养我长大的重任交给了爷爷、奶奶。所以，爷爷、奶奶对我成长的影响十分重要。

我记得爷爷那时每天总是早早地起床，起床后便将屋里连同门前的小院子扫得干干净净的，边扫地边给我讲“黎明即起，洒扫庭除”的道理。渐渐地我也学着爷爷早早地起床帮着打扫屋子和院子了。

后来便养成了一种好习惯，无论是我的书包课桌，还是我的寝室书房，我都收拾得整整齐齐的。看到干净整洁的学习环境，我的心情舒畅多了，都有心情好好地学习了。

记得上小学的时候，有一个同学总是欺负我，我当然不会隐忍着。于是，我一把鼻涕一把泪地跑到奶奶面前，添油加醋地把这件事情夸张、放大地诉说了。从小奶奶对我视如宝贝，对我的呵护关爱简直是充分展现了出来，可谓是“捧在手里怕碎了，含在口里怕化了”。奶奶一听显然很愤怒，就对我说，让我跟老师去说，以后不要去理这个坏同学。

听到奶奶的说法我很满意，原来的心有不甘，瞬间灰飞烟灭了。同样，我也跟爷爷渲染了一遍。爷爷一听，拈着他雪白的胡须说：“匿怨而用暗箭，祸延子孙。”他接着说一般不会有这种事的，这事八成是我的错，别人为什么总是欺负我而不去欺负别人呢？需要我从自己身上找找原因。

刚开始我没有半点省悟，但是等这件事过去了许久之后，我再回想爷爷所说的话，觉得他说的很有道理。遇到事情应该从自己身上找原因，宽容大度是每一个善良人的必备品质。毕竟宽容大度的人才会更好地融入社会，心胸狭窄之人只会被人唾弃。

读了《朱子家训》，对我的学习还很有促进呢！我以前学习很好，后来就有些放松了，每次等快考试了，才发现自己在学习上有好多漏洞。于是，考试前临时抱佛脚，不仅使得自己高度紧张，还考不到好成绩。

现在，我常用“宜未雨而绸缪，毋临渴而掘井”这句话来提醒自己，在学习上就有了主动性。课前我会自觉预习，每次预习时，我都会把不懂的问题提前勾划出来，这样在听老师讲课时，我就心中有数了。当老师讲到那些我不懂的问题时，我就特别细心地听。跟同学们讨论时，我也更自信了。

我终于明白了，学习要靠平时一点一滴的积累，只有平时打好基础，做好充分准备，才能真正掌握所学的知识。在学习上如此，在做其他事上也是如此，有备无患，最终才能获得成功。

总之，《朱子家训》告诉了我许多道理，比如：要珍惜食物；读书能长知识；要做善人，但不能求回报；不能做恶人，如果做恶人再掩饰，那就大错特错，恶上加恶；每天都要靠自已，不能顺从天命；遇到贫穷人一定要尽力帮助……这些都是先辈们在生活中总结出来的道理，其中蕴含着无限的智慧，对于现在我的学习生活和人生成长都有重要的指导意义啊！

知识互动大会

一、填空题

1. 祖宗虽远，祭祀不可不诚；子孙虽愚，经书不可不读。

2. 一粥一饭，当思来之不易；半丝半缕，恒念物力维艰。

3. 重资财，薄父母，不成人子。

4. 凡事当留余地，得意不宜再往。

5. 人有祸患，不可生喜幸心。

6. 器具质而洁，瓦缶胜金玉。

7. 勿营华屋，勿谋良田。

8. 黎明即起，洒扫庭除，要内外整洁。

9. 居身务其质朴，教子要有义方。

10. 处世戒多言，言多必失。

11. 守分安命，顺时听天。

12. 轻听发言，安知非人之谮诉？

13. 国课早完，即囊橐无余，自得至乐。

14. 三姑六婆，实淫盗之媒。

15. 既昏便息，关锁门户，必亲自检点。

16. 为官心存君国，岂计身家。

二、选择题

1. 《朱子家训》中说：“黎明即起，洒扫庭除，要内外整洁。即昏便息，关锁门户，必亲自检点。”古人讲究从细节培养生活习惯，有了这些习惯，身体和精神就能保持起码的健康。这说明习惯影响人的（C）。

A. 思维　　B. 工作效率　　C. 行为　　D. 身心健康

2. 说到勤俭节约，《朱子家训》中的一副对联：“一粥一饭，当思来之不易；( )，恒念物力维艰”，下联的开头是哪四个字呢？请根据对联知识，从下列四个选项中帮选出正确答案。（B）

A. 一丝一毫　B. 半丝半缕　C. 一星半点　D. 一点一滴

3. 哪句诗讲的是“不可恃势力来欺凌压迫孤儿寡妇”？从下面四个选项中选择。（C）

A. 居家戒争讼，讼则终凶。　B. 乖僻自是，悔悟必多。

C. 勿恃势力而凌逼孤寡。　D. 屈志老成，急则可相依。

4. 《朱子家训》里哪句格言是教育我们不可贪心？（B）

A. 与肩挑贸易　B. 勿贪意外之财

C. 祭祀不可不成　D. 见贫苦亲邻

5. “做事要预先准备好。”从《朱子家训》哪一句可以看出来？（D）

A. 既昏便息，关锁门户　B. 守分安命，顺时听天

C. 恶恐人知，便是大恶　D. 未雨而绸缪

三、根据意思说《朱子家训》原话

1. 亲近不良的少年，日子久了，必然会受牵累。

狎昵恶少，久必受其累。

2. 无论做什么事，当留有余的地步；得意之后，就要知足，不应该再进一步。

凡是当留余地，得意不宜再往。

3. 家僮、奴仆，不可雇佣俊美貌的，妻妾不可有艳丽的妆饰。

童仆勿用俊美，妻妾切忌艳妆。

4. 子孙虽是笨拙的，五经四书，却要诵读，并要把其中的微言大义，记在心里，作为为人处事的方针。

子孙虽愚，经书不可不读。

5. 请说出“居身务其质朴，教子要有义方”的意思。

自己做人，要节俭朴实；教训孩子们要有合宜的方法，使他们有向义的志趣。